벨 5차원학습법

Biblical Education for Life & Leadership

차례

4 시작의 글

9 1부 성경적인 토양이란 무엇인가?
  13 1장 성경적 교육의 정신
  35 2장 땀흘리는 삶의 내적인 열매
  49 3장 창조신앙의 회복

91 2부 왜 성경적 교육을 해야만 하는가?
  93 1장 성경적 교육의 사명
  99 2장 마지막 날의 세 가지 시험

107 3부 실력이란 무엇인가?
  109 1장 현실교육의 약점
  114 2장 성적과 실력의 차이
  118 3장 실력이란 무엇인가?
  121 4장 원리 중심의 공부

Biblical Education for Life & Leadership

127   4부   벨 5차원 학습법의 5가지 요소란 ?

- 132   1장   마음의 힘 (Heart)
- 150   2장   지혜의 힘 (Understanding)
- 182   3장   체력 (Strength)
- 188   4장   자기 관리 능력 (Self - management)
- 192   5장   인관관계 (Human Relationships)

199   5부   어떻게 성경적 교육으로 실력을 다질 수 있나 ?

- 201   1장   공부를 못하는 이유와 대처 방안
- 205   2장   성경적 교육으로 보화 캐기
- 215   3장   성경적 교육 '지혜의 샘' 활용법

225   끝맺는 말

231   부록

始 시작의 글 ||||

■ 그래야 후대가 산다

벨 교육은 단순하게 성적만 높이는 학습법이 아니다. 성경 안에서 진정한 리더의 길이 무엇인가를 교육하고 있다. 학습법이라고 하면 학생들의 성적이나 높이는 것으로 잘못 생각하기 쉽지만, 벨 교육은 목회자나 교육자, 교사들에게는 이 시대에 진정한 교육의 방향을 제시할 것이다. 또한 부모는 부모대로 학생은 학생대로, 자신만이 터득할 수 있는 성경 안에 숨어 있는 진정한 리더의 자질을 개발하게 될 것이다.

"성경교육이 세상교육을 압도한다."

왜 이 주제가 벨 교육의 핵심이 되었는지, 그리고 그 교육의 구체적인 실천 방향은 무엇인가를 분명하게 체험하리라 믿는다.

그럼에도 불구하고 왜 벨 교육을 굳이 학습법이라고 불러야 할까? 그것은 그만큼 현실이 자녀들의 성적에 집착하고 있기 때문이다.

성적 때문에 시달리는 우리의 자녀들을 보자. 아니 자녀가 시달리는 것이 아니라 부모가 시달리는지도 모른다. '집안에 고3 아이가 하나 있으면, 집안 전체가 고3이 된다' 는 말처럼 우리는 이 땅에서 성적제일주의로 살고 있다. 성적이 행복의 지름길처럼 착각하며 걸어가고 있다. 성적! 교회는 안 나와도 공부는 해야 하고, 학원과 과외는 보내야 하는 성도들의 모습은 '진정 이 땅에 성경적 교육인 하나님의 교육이 가치가 있는 것일까?' 라는 회의를 들게 하고 있다.

지금 교회는 유년주일학교, 중고등부, 대학부들이 학년이 올라갈수록 줄어가고 있다. 그 근본적인 이유는 세상 교육에 비해 하나님의 말씀 교육이 앞서가지 못한다는 잘못된 인식 때문인지도 모른다.

그러나 더 중요한 것은 단순히 성적의 문제로 끝나지 않는다는 데에 있다. 더 나아가서 후대의 자녀, 가정, 교회, 사회에 기독교적인 힘을 발휘할 수 있는 토양이 사라져 버린다는 위기감이 있는 것이다. 이 땅에 샤머니즘적인 토양을 성경적인 토양으로 갈아야 한다. 우연과 재수의 토양을 창조와 섭리의 토양으로 갈아야 한다.

기독교적인 토양이 된다는 것은 하나님의 나라를 든든히 하고 하나님의 나라를 확장하는 일에 밀접한 관계가 있다고 본다. 그럼에도 불구하고 여전히 복음 안에서 위대한 삶을 발견한 그리스도인조차 성적으로 인해 믿음을 포기하는 안타까운 현실이 우리의 현장에서 너무나 많이 일어나고 있다.

성적도 높고 영특하여 일류대학을 진학한 자녀가 하나님도 모르고 부모도 모르는 자기중심의 인간이 되었다면 이것은 분명히 토양이 잘못된 곳에 가라지를 심은 것이다.

심기는 세상적으로 심고, 열매는 영적으로 거두려는 어리석음이 있어서는 안 될 것이다. 성적은 높지 않아도 하나님이 주신 달란트를 최대한 발휘할 수 있는 리더를 발굴하고 키워야 한다. 리더십을 발휘할 수 있는 교육훈련은 말로 되는 것이 아니다. 달란트를 구체적으로 발휘할 수 있는 프로그램이 있어야 한다.

'왜' 라는 지적은 정확하게 하는데 구체적인 대안이 별로 없다는 것이 한국 교회의 아픔이다. 성경적인 교육이 세상교육에 뒤진다면, 앞뒤가 안 맞는 이야기가 된다. 참된 기독교 교육이 아니든지 무늬만 성경적 교육이라고 할 수밖에 없을 것이다.

어느 날 원동연 박사가 불쑥 내민 작은 원고가 있었다. 그는 "목사님, 이 글이 학습법으로 개발되면 어떨까요?"라고 물어 왔다.

원고는 감동적인 글로 가득 차 있었다. 획기적이었다. 그러나 공부에 대한 것은 아니었다. 그래서 나는 그에게 이 글이 공부와 무슨 상관이 있는지를 되물었다. 그는 웃으면서 자기가 공부했던 방법이라고 했다. 자신이 어떻게 한국 최고의 과정을 수석으로 졸업할 수 있었는가에 대한 학습법이었다.

후에 그 내용은 노란 색상의 'DY학습법'이란 이름으로 출판되어 몇 달 만에 베스트셀러가 되었다. '공부는 공부하는 데 있지 않다.'는 역설적인 논리가 설득력이 있었다. 공부를 잘하기 위해서는 열심히 하는 것이 중요한 것이 아니라 바른 학습법을 익히고 훈련하는 것이 더 중요하다는 선언은 일반인들에게도 엄청난 도전으로 다가왔다. 그래서 이 학습법을 성도들에게 적용하여 성경을 통한 실력 있는 그리스도인을 세우는 구체적인 교육 프로그램을 제시하게 되었다. 이 교육이 벨 5차원 성경적 교육이라 하겠다.

성경 안에서 교육의 문제를 다룰 때 세상이 할 수 없는 더 큰 능력이 나타날 수 있다는 확신을 하게 되었고, 그것은 지금까지의 교육을 통해서 충분히 검증되었다. 그러나 벨 교육 자체가 갑자기 실력을 향상시키는 것이 아니다. 다시 말하자면 벨 교육은 '어떻게 성경 안에서 구체적으로 실력을 높일 것인가?'를 제시하는 교육프로그램이다. 그 프로그램 자체가 성적을 높여주는 것이 아니라 그것을 귀하게 여기고 함께 그 방법대로 실천하는 자에게만 하나님은 아름다운 열매를 맺게 하실 것이다.

벨 5차원 학습법은 한국 교회의 목회자, 신학생, 교사와 부모, 그리고 성적으로 인하여 시달리는 우리의 자녀들을 위하여 만들어졌다. "벨 교육이 무엇입니까?"라고 묻는 사람에게 이 책은 "우리가 왜 이런 교육을 하나님 앞에서 해야 하는가?"를 설득력 있게 답변해 줄 것이다.

초등학교 교사이신 어떤 선생님이 오셔서 벨 교육을 받으신 후 "내가 이 교육을 10년 전에만 받았어도 내 인생은 달라졌을 것입니다."라고 고백하였다. "자녀 공부 잘 시키려고 왔다가 내가 실력을 쌓아서 갑니다."라는 부모의 고백도 들었다.

성적은 높은데 도덕성이 잘못되거나 인간성도 나쁘고 전문적인 일처리 능력이 미숙하다면 실력 있고 성숙한 개인, 가정, 교회, 사회를 기대할 수 없다. 또한 하나님도 모르고 어른도 알아보지 못하는 머리만 영특한 자녀, 건방진 후대를 키워서는 소망이 없다. 그 소망의 자리는 후대를 위하여 황무지에 물을 길어 한 그루의 나무를 심는 마음을 가지고 사는 사람들로 채워져야 한다.

'어떻게 하면 공부를 잘 할까요?'를 묻기 전에 하나님의 마음을 알아 리더를 세우는 교육이 필요하다. '망하더라도 이 길을 어떻게 갈 수 있는가?'를 묻고, 실천하는 용기 있는 집단들이 있어야 한다. 충만한 영성에다 지성까지도 겸비한 성숙하고 실력 있는 사람들이 우리의 후대를 지켜 주어야 한다. 그래야 후대에 소망이 있다.

BELL (Biblical Education for Life & Leadership)
성격적 교육 실천 운동을 섬기고 있는

이홍남 목사

제1부 성경적인 토양이란 무엇인가?

1장 성경적 교육의 정신
2장 땀 흘리는 삶의 내적인 열매
3장 창조신앙의 회복

'5차원 성경적 교육 (Biblical Education for Life & Leadership)' 이란 '성경적 교육실천운동'을 말한다. 즉 성경적인 교육을 통해 성숙한 삶을 실천하고 실력 있는 리더를 세워 가는 운동이라 하겠다.

벨의 5차원 성경적 교육이란 하나님께서 인간에게 주신 달란트를 최대한 발휘하기 위해서 인간의 한 부분만을 교육시키고 개발하는 것이 아니라 심력, 지력, 체력, 자기관리능력, 인간관계 등 인간의 본질적인 5가지 요소를 전면적(全面的)으로 교육하여 하나님의 자녀를 성숙하고 실력 있는 전인적인 인간으로 세워 간다는 의미를 지니고 있다.

여기서 '전면적 교육'이란 우리가 통상적으로 사용해 오던 전인교육과 그 의미가 유사하다고 볼 수 있으나, 전인교육이라는 용어가 너무 상투적으로 사용되고 그 의미가 다소 변질된 감이 있어서 그것과 구별되는 개념으로 사용된 것이다.

벨 교육의 목적

그리스도인들이 가장 먼저 해야 할 일은 하나님 나라 확장이다. 하나님 나라를 확장하려면 예수님을 믿는 사람들이 점점 많아져야 하는데, 그렇다면 전도를 많이 해야 할 것이다. 그러나 최근 예수 믿는 사람들이 점점 정체되고 있는 현상이 일어나고 있다. 왜 그럴까? 복음을 증거하는 열정이 줄어들었는가? 그것은 아니다.

100년 전부터 수송 능력이 빨라지면서 복음전파의 속도도 놀랍게 빨라졌다. 그런데 100년 전 전체인구에서 기독교인이 차지하는 비율은 34%였고 활발하게 복음을 전한 이후 70년대에 이르러서는 33%~33.4%가 되었으며, 90년대에 이르러서는 32%~33%로 오히려 축소되었다.

왜 그럴까? 성경의 씨뿌리는 비유에서 그 원인을 찾아볼 수 있겠다. 마태복음의 씨뿌리는 비유에서, 씨앗이 돌밭에 떨어지면 그 씨는 말라 버린다고 교훈한다. 이는 복음을 증거 하는 일에는 열심히 헌신하였으나 결국 실력 있는 그리스도인을 길러내는 것에는 실패하였음을 깨닫게 해주는 것이다.

그러면 복음을 증거하는 일에 가장 큰 장애물은 무엇인가? 그것은 먼저 무신론적이고 반 기독교적이며 미신적인 세상의 문화, 진화론적인 사고로 가득한 현실상황 때문에 복음이 받아들여지지 않는다는 것이다. 이것은 이 시대를 지배하고 있는 학문과 그것을 이끌어 가고 있는 세력들의 영향 때문에 삶의 영역이 거의 반 기독교적인 정신으로 가득 차 있다는 사실을 말해 주고 있다.

우리는 결코 이러한 점을 간과해서는 안 된다. 실력 있는 그리스도인들이 많이 배출되어 이러한 반 기독교적인 시대정신과 문화를 바꾸는 일에 주도적인 역할을 감당할 수 있을 때 지금의 사회를 변화시킬 수 있는 것이다. 교육, 철학, 신학, 역사, 문화, 예술 등 모든 분야에 자리잡고 있는 장애물들을 제거하고 온전한 변화를 일으킬 수 있어야 한다.

벨 교육의 목적은 결국 실력 있는 그리스도인들을 길러내는 것인데, 이러한 실력 있는 그리스도인들을 통하여 교회의 일꾼으로서만이 아니라 여러 가지 영역에서 장애물을 제거하고 하나님 나라를 확장하는 주체 세력을 길러내는 데 있다고 보는 것이다.

이러한 목적을 이루기 위해서는 먼저 현장에서 가르칠 지도자들이 배출되어야 한다. 즉 전인적인 프로그램의 부족이 아니라 전인적인 훈련이 부족하였음을 인식하고, 지도자가 먼저 실력있는 그리스도인으로 서 있어야 하는 중요한 과제를 안고 있는 것이다.

1장 | 성경적 교육의 정신

벨의 정신이란

왜 교육을 말하면서 정신에 대한 부분을 이야기하고 있는가? 그것은 공부의 문제가 단순히 공부에만 있지 않기 때문이며 정신을 바르게 갖지 않으면 그들이 속한 집단이나 개인은 실력을 발휘할 수 없기 때문이다.

성경적인 교육으로 우리는 어디로 갈 것인가? 그것은 단순히 성적이 높은 사람을 만들려는 데 있지 않다. 성적이 높은 자가 되는 것보다 더 중요한 것은 그가 참다운 리더의 자질을 가지고 있는가에 있다. 바른 정신을 가지고 있는 자만이 바른 삶을 이끌어 갈 것이다.

성경적 교육은 세상적인 도덕과 윤리를 암기해서 되는 것이 아니다. 오직 하나님의 말씀으로만 가능한 것이다. 성경적인 교육은 진정한 하나님의 사람을 실력 있게 하고 온전케 하는 능력이 있다.

> 모든 성경은 하나님의 감동으로 된 것으로 교훈과 책망과 바르게 함과 의로 교육하기에 유익하니 이는 하나님의 사람으로 온전케 하며 모든 선한 일을 행하기에 온전케 하려 함이니라 (디모데후서 3:16~17)

오래 전에 이스라엘을 방문했을 때 그곳의 교사를 만나는 기회가 있었다. 교육 문제를 같이 논하면서 그들의 교육은 성경적인 교육이 핵심이라는 것을 알 수 있었다. 하나님의 말씀을 교육의 현장에서 그대로 가르침 받고 있는 그들은 지금 세계에서 가장 우수한 민족으로 알려져 있다. 역대 노벨상 수상자 3명 중 1명이 유대인이며 20세기를 주도한 최고 지성 21명 중 15명이 유대인이다. 그러나 유대인들의 지적 능력은 타민족에 비해 뛰어나지 않다고 한다.

그럼 어떤 이유로 이들이 각 분야에서 우수성을 나타내는 것일까? 그것은 바로 성경적 교육의 힘을 삶의 정신으로 삼기 때문이라는 것이다. 그리고 나아가 그 정신은 고난과 역경을 이겨내고 그것을 삶의 자산으로 삼았다는 것이다. 이는 성경적인 교육을 삶의 지침으로 삼는 자들은 바로 세상을 압도할 수 있다는 것을 사실적으로 보여주고 있다. 이에 비해 한국의 교육은 지적 능력을 키우는 데 치중돼 있고 하나님의 사람으로 온전케 하려는 데는 무관심하다.

부모들로부터 종종 "우리 아이는 부족한 것 없이 모두 해주었는데 그 모양인지 모르겠어요."라는 하소연을 듣는다. 족집게 과외, 스키강습, 언어연수 등 쉴 틈 없는 스케줄을 짜서 교육을 시키지만 성과는 기대에 못 미치고, 자녀 역시 마지못해 하는 것 같아 답답하다는 것이다. 사회봉사활동까지 대신 해주는 부모 밑에서, 부족함 없는 환경 속에서 자라는 아이들은 강렬한 꿈을 갖기 어렵다.

얼마 전 한국을 방문한 한 영국 교회 목사님의 이야기를 통해 "왜 성경적인 교육을 해야 후대가 소망이 있는가?"에 대한 답을 찾아가기로 하겠다. 그리고 "어떻게 해야 그리스도인들이 성경에서 말하는 실력 있는 리더로서 세상을 이끌 수 있는가?"에 대한 구체적인 방법을 제시하고자 한다.

우리는 지금 선교 1세기를 지나 선교 2세기에 들어왔다. 하나님의 강권적인 은혜로 세계 어느 나라에서도 볼 수 없는 큰 부흥과 성령의 강권적인 역사를 체험하고 있다. 그 결과 기독교인이 전 국민의 4분의 1이나 되었다고 자랑하고 있다. 그러나 언제부터인가 기독교인이 전체적으로 줄고 있다는 통계를 접하고 있다.

영국 교회 통계학자인 피터 브라이얼리 박사는 지금 한국의 모습이 100여년 전 영국 교회와 아주 흡사한 길을 걷고 있다고 말한다. 그때 당시 영국에는 술집이 없어지고 가는 곳마다 교회가 세워지며 성령의 폭발적인 능력을 체험했다고 한다.

그런데 지금 '왜 교회가 텅 빈 고적지로 전락해 버리고 말았는가?'를 진단하면서, 한 마디로 젊은이들을 놓쳤기 때문이라고 하였다. 말씀 교육을 멀리한 채 자녀들에게 성적위주의 교육을 우선하였기 때문이라는 것이다. 그 말은 부모들은 은혜 받고 교회에 열심히 나갔지만 자녀들에게 성경말씀을 가르치는 일은 소홀했다는 것을 의미한다. 그렇게 100년이 지났다.

영국 교회의 출석률을 10여 년 동안 지켜보았던 피터 브라이얼리 박사는 교회 출석률이 24% 감소했고(2000년 4월 기준) 앞으로 영국 교회는 40년 이내에 교회 출석률이 0.5%로 떨어질 것을 예고하였다. 그는 한국의 부모들이 자녀들에게 성경적인 말씀 교육을 멀리한다면, 우리 후대들도 교회를 등지게 되어 멀지 않은 장래에 영국 교회와 같은 황무함을 경험할 것이라고 경고한 것이다.

이제 한국의 부모들과 지도자들이 바른 정신과 시대를 앞설 수 있는 안목을 가지고 후대를 위하여 투자하지 않는다면 영국 교회와 같은 길을 걸을 수도 있을 것이다. 그러나 바른 안목을 가지고 후대를 위한 싸움을 계속한다면 아름다운 기독교 토양을 물려 줄 수 있을 것이라는 그의 충고를 귀담아 들어야 할 것이다.

지금 우리 주변에는 한국 교회가 왜 이렇게 삶이 없고 연약한가를 여러 가지로 진단하고 있다. "기도가 부족하다, 회개해야 한다."고 외치면서 각 교회마다 회개 운동이 일어나고 기도회를 열기도 한다. 그럼에도 불구하고 우리는 여전히 아픈 상처를 가지고 있다. 이를 바르게 진단하지 않으면 우린 여전히 병은 깊어 가는데 치료가 안 되는 안타까운 현장에 있게 되는 것이다.

왜 토양 개간 작업이 중요한가?

벨에서는 토양을 개간하여야 진정 실력 있는 리더를 세울 수 있다고 한다. 왜 교육 문제를 언급하면서 토양을 바꾸어야 한다고 할까? 전혀 교육과는 관심이 없는 듯한 이야기를 하고 있는 것은 아닐까 하고 의아해 하는 분들도 있을 것이다. 그러나 토양이 바뀌지 않은 한 아무리 좋은 교육을 한다고 하더라도 좋은 열매를 기대할 수는 없을 것이다.

말씀은 좋은 씨앗이다. 그것을 부인하는 사람은 없다. 그럼에도 불구하고 우리는 은혜는 받고 또한 천국에 대한 소망을 가지고는 있지만 현실에 좋은 열매를 계속 유지하지 못하고 있다. 말씀 자체에 문제가 있는 것이 아니라 토양의 문제라는 것을 예수님이 분명히 하셨다.

> 그런즉 씨 뿌리는 비유를 들으라 아무나 천국 말씀을 듣고 깨닫지 못할 때는 악한 자가 와서 그 마음에 뿌리운 것을 빼앗나니 이는 곧 길가에 뿌리운 자요 돌밭에 뿌리웠다는 것은 말씀을 듣고 즉시 기쁨으로 받되 그 속에 뿌리가 없어 잠시 견디다가 말씀을 인하여 환난이나 핍박이 일어나는 때에는 곧 넘어지는 자요 가시떨기에 뿌리웠다는 것은 말씀을 들으나 세상의 염려와 재리의 유혹에 말씀이 막혀 결실치 못하는 자요 좋은 땅에 뿌리웠다는 것은 말씀을 듣고 깨닫는 자니 결실하여 혹 백 배, 혹 육십 배, 혹 삼십 배가 되느니라 하시더라 (마태복음 13:18~23)

우리가 현재 지니고 있는 토양은 운의 토양, 재수의 토양, 일확천금의 토양이다. 이 토양이 세상적이라는 것을 증명할 수 있는 근거는 무엇일까?

말씀을 들어도 신령과 진정으로 예배하지 않으면 그 말씀이 오래도록 나의 삶을 지배하지 못한다. 설교의 제목과 본문을 오래도록 기억하는 것은 상당히 힘든 일이다. 그만큼 말씀을 듣고 실천하는 것이 어렵다는 것을 증명하는 것이다. 그러나 좋아하는 드라마는 일주일이 되어도 그 영상이 기억에 오랫동안 남아 있다.

찬송가를 1절부터 4절까지 외우고 있는 사람은 얼마 안 되지만 대중가요는 그렇게 가사가 빠르고 어려워도 쉽게 입력하는 이유는 토양이 그곳에 익숙하기 때문이다. 그러기에 벨 교육은 토양의 개간작업을 중요시하는 것이다.

선교 1세기를 지나면서 우리는 많은 능력과 역사와 이적을 뜨겁게 체험했다. 하나님이 이 민족에 많은 사랑을 베푸셨다. 그러나 그 자리에서 벗어나지 못하고 아직도 여전히 광야에서 만나만 먹으려고 한다는 것이다. 이는 가나안에 들어가 심고 거두는 싸움을 포기한 이스라엘 백성과도 같다. 그들처럼 역사와 이적을 많이 보고 체험한 사람들이 또 어디에 있을까? 그러나 불행히도 그들은 가나안에 들어갈 수 없었다. 이처럼 우리는 여전히 홍해를 건너 그 옆에 겨우 텐트를 치고 앉아, 계속 전진하려는 싸움을 포기한 사람들처럼 살아가고 있다.

120여 년이 지나는 동안 강단을 통하여 예수님처럼 살자고 한결같이 외쳤지만 그런 삶이 자연스럽게 이루어지지 않는 이유가 무엇일까? 그것은 결코 목회자들의 말씀 능력이 부족함도 아니요, 우리가 잘못 은혜를 받음도 아니다. 그것은 바로 토양의 차이다. 우리의 토양이 기독교적인 토양이 아니라 불교와 유교적인 토양 위에 서 있기 때문이다. 그렇기에 우리는 모르는 사이에 지금 성공병의 심각한 부작용을 낳고 있는 것이다.

비어 가는 주일 학교

텔레비전이 제대로 없던 시대, 만화방을 기웃거리거나 동네 부잣집 아이의 눈치를 보며 텔레비전을 보고 살았던 시절이 있었다. 재미있는 것이 별로 없던 때였기에 교회에 나가 선생님 말씀을 듣는 것이 유일한 기쁨이었다. 선생님의 동화는 우리들에게 꿈과 희망을 주었다. 일주일에 세 번, 주일 낮, 주일 오후, 수요일 오후 꼬박꼬박 교회에 가서 예배를 드렸다. 지금 생각하면 그 예배로 인하여 이나마 지금의 순수한 믿음을 간직할 수 있었고 그로부터 30여 년이 지난 지금 우리는 엄청난 변화의 시대를 살아가고 있다.

어떤 목사님으로부터 "교회가 무너진다."는 소리를 들은 적이 있었다. 워낙 부실 공사가 많은 나라이니 교회 건물도 예외가 아닌가 생각했는데 그게 아니었다. 건물이 아닌 교회의 미래가 무너진다는 하소연이었다. 이유인 즉, 주일 학교가 비어 간다는 것이었다.

그 교회는 3,500여 명의 교인 중 300여 명의 중·고등부 학생들이 예배를 드리고 있었다. 장년 성도 10분의 1도 안 되는 인원이었다. 그런데다 그들이 예배를 드리는 모습을 보니 신령과 진정으로 드리는 분위기가 전혀 아니다. 기도하면서 장난치는 아이가 있는가 하면 말씀을 들으면서도 그 말씀에 귀를 기울이려고 하는 자들이 별로 없었다. 이 아이들이 자라 어른이 되었을 때를 상상만 해도 무너져 가는 듯한 느낌을 받은 것이다.

지금 이 시대는 어떤가? 학생들조차도 일주일에 한 번 교회 나오기 바쁜 시대를 살아간다. 학원에 가고, 학교 보충수업에 나가야 하고, 주일에도 학교에서 공부를 시키겠다고 불러댄다. 그러니 일주일에 한 번 드리는 예배를 통해서 우리 후대가 세워진다면 이거야말로 기적이 아닐 수 없다.

우리는 지금 그런 기적을 바라고 있다. 그저 우리만 열심히 은혜 받고 천국 가면 된다는 생각일까? 텅 비어 가는 주일학교를 보고도 그 원인이 무엇인지 찾아보기보다는 학교 성적이 좋아야 좋은 학교 입학이 가능하고, 그것이 곧 성공의 지름길이라고 생각한다. 어떤 가치를 추구하며 살아야 하는가 분명한 목적도 없이 흔들거리고 있기 때문이다. 자녀를 위한 관심은 엄청나지만 그 바른 삶을 살아가는 바른 믿음이 아닌, 얼마나 공부를 잘하느냐에 관심이 집중되어 있다.

문제는 심각하다. 지금이야말로 믿음의 부모들이 앞장서서 분명한 방향을 제시하고 내일을 위해서 살도록 해야 할 때이다. 성적 위주의 교육이 아니라 성경의 말씀을 제대로 교육받은 자가 실력 있는 리더로 쓰임 받을 수 있다는 확신을 가지고 있어야 한다. 하나님이 찾으시는 사람은 성적이 높은 사람이 아니라 하나님을 경외하고 따르는 자들이야말로 진정한 리더로 쓰실 것이라는 분명한 확신을 가지고 교육을 시킬 때만 무너져 가는 교육을 다시금 세울 수 있으리라 본다.

성공병에 걸린 사람들

언젠가 후배 목사로부터 목회를 그만 두기로 했다는 소식을 전해 들었다. 가지고 있던 돈과 빚까지 포함해서 3,000여만 원으로 개척을 시작했다가 5년 만에 목회 포기를 선언한 것이다. 어렵고 힘들었던 사역에서 자유로움을 갖고자 했던 것이다. 그러나 진정한 그의 아픔은 주위에서 바라보는 따가운 시선이었다. "어쩌다 저 모양이 되었나? 세상 길로 빠져드는구나. 얼마나 목회를 게으르게 했으면 5년 동안 교회를 성장시키지 못했나? 능력이 없는 사람." 등이 그를 더 괴롭고 아프게 했다는 고백을 하였다.

우리는 흔히 "교회는 몇 년도에 개척하셨어요? 몇 명이나 모여요?" 하고 물어본다. 그리고 10여 년이나 되도록 몇 명 모이지 않는다면 '저 사람 어쩌다 저렇게 되었나? 저 실력 가지고 목회를 하면 괜찮았을 텐데. 외부 활동 한다고 교인들 돌보지 않는 바람에 목회를 엉망으로 하는구만.' 하고 속으로 생각한다.

무엇이 성경적인 성공인가? 우리가 성공을 위해 부름 받았다고 기술한 곳은 성경에 단 한 군데도 없다. 다만 충성을 요구할 뿐이다.

> 사람이 마땅히 우리를 그리스도의 일꾼이요, 하나님의 비밀을 맡은 자로 여길지어다. 그리고 맡은 자들에게 구할 것은 충성이니라 (고린도전서 4:1 ~ 2)

켄트 휴즈는 '만약 우리가 성공병이라는 교활한 마수에서 벗어나려면 이 원리를 완전히 이해하고 가슴속에 그것을 간직하는 일이 무엇보다 우선 되어야 할 것이다.' 라고 하였다.

모세의 생애 중에 가슴 아픈 사건이 하나 있다. 바로 르비딤의 사건이다.

백성들이 목이 마르다고 항의하니까 하나님께서 백성들을 모으라고 하시고는 그들이 보는 앞에서 바위에게 명하라고 하셨다. 그러면 물이 솟아나리라고 약속하신 것이다. 물이 어떻게 해야 솟아나는지 방법을 제시하신 것이다.

그러나 모세는 항의하고 덤벼드는 회중 앞에서, 바위에게 명한 것이 아니라 지팡이로 반석을 두 번 내리쳤다. 물이 솟아 나왔다. 그리고 백만이 넘는 사람들과 짐승들이 마음껏 마시게 되었다. 이 얼마나 굉장한 성공인가. 모세와 아론의 기분이 어떠했을까? 대단했을 것이다.

모세는 또 다시 영웅이 되었다. 그러나 문제는 '그리고 잘 먹고 잘 살았다.'가 아니라는 데에 있다. 후에 하나님께서 모세에게 얼마나 서운하셨던지 이렇게 말씀하였다.

> 너희가 나를 믿지 아니하고 이스라엘 자손의 목전에 나의 거룩함을 나타내지 아니한고로 너희는 이 총회를 내가 그들에게 준 땅으로 인도하여 들이지 못하리라
> (민수기 20:12)

목회에서의 대성장이나 사업에서의 흥왕 그리고 일류대학의 합격은 성공이고, 목회 5년으로 목회 포기를 선언하는 것이나 사업의 부도 그리고 3류 대학의 자리는 실패자가 걷는 코스라는 인식이 들면 곤란하다. 성경에서 말하는 성공과 실패는 내게 맡겨진 일을 얼마나 하나님 앞에서 잔꾀 부리지 않고 충성스럽게 감당했느냐, 안 했느냐의 문제이다.

물을 내어 백만이 먹었다 하더라도 자기 기분에 의해 내리쳤거나, 목회를 하여 엄청난 부흥을 이루었다 해도 자기의 자랑이 되고, 사업 능력이 있어 억만금을 벌었다 하더라도 주님과는 관계없는 물질이었다거나, 일류대를 들어갔더라도 그것으로 주님과 멀어진다면 그는 분명히 실패자라는 사실을 기억하면 좋겠다.

교회가 부흥하면 위험한 것이 있다. 숫자라는 잣대로 남을 쉽게 판단하게 되는 것이다. 수적으로 부흥한 것과 부흥치 않은 것이 성공과 실패의 잣대가 된다. 세속적인 가치가 기준이 된다는 것이다.

벼락 맞을 사람

2000년 8월 14일, 벨 교육 캠프 여름 집회가 남서울대학교에서 시작되었다. 캠프에 가는 중에 극동방송에서 요즘 젊은이들에게 인기 있는 어느 목사의 메시지를 듣게 되었다. 그는 현실을 보는 예리한 눈이 있었다. 카랑카랑한 음성으로 거침없이 쏟아내는 박식한 언어들이 한마디로 시원스러웠다. 군더더기를 벗고 형식에 얽매이지 않으면서도 주님을 뜨겁게 사랑하는 열정을 쉽게 느낄 수 있었다. 지금까지 들어왔던 다른 설교와는 분위기가 사뭇 다른 매력이 그에게는 분명히 있었다. 그런데 한참 동안 듣고 있던 나에게 충격적인 말이 들려왔다.

"여러분! 요사이 개척한 지 7~8년이 지나도 성도가 150~200명인 교회가 있습니다. 그 교회의 목회자들은, 우리 교회는 사랑이 있으니까, 제자훈련을 하니까 운운하면서 그것에 만족하는데 이것 벼락 맞을 소리 아닙니까?"

순간 정신이 아찔했다. 마치 큰 방망이로 뒤통수를 내리치는 듯했다. 그렇다면 5년 동안 목회 하다가 예배 처소를 정리하고 있는 후배 목사는 벼락을 두 번 맞고도 남는다는 말인가? 화가 치밀었지만 벨 캠프도 있고 해서 캠프가 끝난 후 그 교회로 전화를 걸었다. 신분을 밝히고 목사님을 바꾸라고 했더니 사무 보는 간사가 "목사님은 집회에 가셔서 금요일에나 오신다."고 말했다. 그래서 오시면 전화를 부탁한다 했더니 토요일이 되어도 소식은 없었다. 다음 화요일에 다시 전화를 걸었다. 이번에도 그분은 자리에 없으셨다. 그 후 지금까지 그분은 여전히 아무 말도 없었다. 그 젊은 목회자가 지금 한국 교회에 엄청난 영향을 끼치고 있는 상황에서 젊은이에게 던지는 그 말 한마디 한마디가 참으로 염려된다.

그의 뜨거움은 하나님이 그에게 주신 엄청난 은사이고 은혜이다. 그런 용기는 분명 한국 교회를 젊게 만들어갈 것이다. 그런데 "왜 이

따위로 밭을 갈아 놓았어."라는 태도로 다 헤쳐 버리면 우리 믿음의 선조들이 눈물 흘리며 기도로 갈아놓은 텃밭이 모두 엉망인 것처럼 무시될 위험이 있다.

하나님께서 각자에게 주신 은사는 모두 다르다. 요한과 베드로, 바울의 목회 비전이 달랐다. 그들이 이 시대에 개척을 했다면 아마 바울은 선교사로서, 베드로는 대 부흥강사로 사역했을 것이며, 사랑하라고 외친 요한은 아주 작은 교회의 사랑의 목회자로 쓰였을 것이라는 사실을 잊지 말아야 한다.

하나님의 나라가 균형적으로 확장되려면 모두 다 부흥사이어도, 혹은 모두가 선교사이어도, 모두가 목회자이어도 안 된다. 하나님 나라는 균형을 이루면서 가는 것이다. 그러기에 누군가가 '왜 베드로가 못 되었느냐?'며 따지고 든다면 이것은 마치 "하나님, 왜 모두 나같이 만들어 놓지 않았습니까?"라고 따지는 것과 같다.

하나님 앞에 쓰이는 사람들은 말을 조심해야 한다. 그동안 걸어왔던 수많은 믿음의 선배들과 농어촌 및 산간 오지에서 한 영혼을 귀하게 여기며 어렵게 살아가는 목회자들을 욕되게 해서는 안 된다. 엉망인 현장일지라도 인내하며 조금씩 갈아야 한다. 한꺼번에 다 엎어버리면 상처가 크게 나서 아물어도 흔적이 크게 남는다. 엎는 과정에 자신이 너무 황폐해질 위험도 있다. 깊은 내면의 이야기도 다듬어서 내놓아야 아름다운 열정에 하나님이 풍성한 비전을 가득 담아 주실 것이다.

벼락은 바로 이 땅을 성공주의와 출세주의로 이끌고 있는 우리 내면에 있는 거짓된 것들에게 내려야 한다.

성도의 절대 주제 = 사랑

"믿음, 소망, 사랑, 그 중에 제일은 사랑이라."
그렇다. 사랑은 인생의 주제이다. 성도의 영적 성숙함은 얼마나 많은 이를 사랑하는가에 있다. 성도는 삶의 주제가 하나님의 사랑을 얼마나 많이 따라가는가에 있다고 해도 틀린 말은 아니다.

하나님의 사랑을 이 땅에서는 달리 표현할 길이 없기에 어머니의 사랑으로 비유하곤 한다. 사실 어머니의 사랑이 있기 때문에 우리가 살아 있는 것이다. 객관적으로 볼 때 낳아서 아주 멋있게 생긴 아이는 전체 아이의 3분의 1도 안 되는데, 아무리 못났더라도 사랑의 눈으로 우리를 길러 주신 분들이 우리의 어머니들이다.

나는 어릴 때 서울 용산구 한강로 3가 40번지에 살았다. 꿀꿀이죽이라고 미군부대에서 나오는 것을 싼값에 사먹어 가면서 자랐다. 그때는 누런 코가 얼마나 많이 흘러 내렸던지 가끔 혀로 쭉 빨면 짭짤하니 맛이 괜찮았던 기억이 난다. 목욕은 년중 행사로 했고, 옷은 미군부대에서 나온 코트인지 바바리인지 구분이 안 갈 정도로 질질 끌고 다닌 시절이 있었다. 그렇게 지저분하고 못생겼던 아이들이 중년이 되고, 지금은 괜찮은 얼굴로 가다듬어진 것도 부모의 사랑이 때문이다.

성도의 영적 성숙함이 어디에 있을까? 교회에 열심히 다닌다고 해서 점수가 높은 것은 아니다. 새벽기도를 40일, 또는 100일 하는 데 있지도 않고, 성경을 100독 하는 데에도 있지 않다. 저녁예배나 철야예배를 빠트리지 않고 나오느냐에 있지도 않다. 영적 성숙함은 내가 지저분하고 못생겼더라도, 나를 화나게 한 원수 같은 사람이라 할지라도 용납할 수 있는 사랑에 있을 것이다.

우리의 아픔은 여기에 있다. 기도는 열심히 하는데 사랑이 부족하고, 교회는 열심히 다니는데 자기만을 사랑하거나, 겨우 자기 교회 식구들에게만 사랑을 표현하는 것이다. 그것이 오늘날, 교회는 많은데 자기만 내세우는 이기적인 교회를 만들어 놓았고, 그 이기적인 교회는 이기적인 교인을 만들어 놓은 것이다.

벨 교육은 사랑을 하는 사람이 대접받을 수 있는 시대가 되도록 노력하고 있다. 자기들만의 사랑이 아닌, 그리스도 안에서 남을 먼저 배려하는 사람이 대접받는 교회 분위기가 속히 정착되기를 바라고 있다. 성도의 절대 주제는 바로 사랑이기 때문이다.

가치의 기준

사람은 먹는 것, 입는 것 그리고 사는 곳에 상당히 신경을 쓴다. 행복을 위해서 이것저것 찾는 것은 많으나 그렇다고 행복해지는 것은 아니다. 먹을 것이 많다고 밥을 몇 그릇이나 먹겠는가? 오히려 사람의 병은 많이 먹어서 생기는 것이 대부분이다.

이제는 음식을 양보다는 질로 생각하지만, 우리나라 사람들은 얼마 전까지만 해도 아침 인사가 "진지 잡수셨어요?"였다. 그러기에 경제가 성장한 후 그동안 못 먹었던 것 실컷 먹어보자는 심사인지 한동안 우후죽순처럼 뷔페집이 생겨났다. 가끔 그곳에 가보면 여자분 중에도 음식을 산같이 올려놓고 먹는 모습을 보게 된다. 그러면 "저분 저러다가 병날 텐데." 하는 생각이 들 때가 있다. 적당하게 먹어야 행복이 있는 것이지 먹는 것 자체가 행복은 아니다. 현재 우리 주변에 굶어서 죽는 사람은 별로 없지만 너무 먹어서 죽는 친구들은 많이 있다.

옷도 그렇다. 백화점에 가보니 평범하게 보이는 옷이 수백만 원까지 한다. 백화점에서 옷 코너를 경영하시는 분한테 물어보았더니 싼 것은 오히려 안 팔린다고 한다. 비싸게 붙여야 좋은 것인 줄 알고 산다는 것이다.

어떤 사람이 미국으로 시집가는 딸을 위해 명동 유명한 옷 가게에서 스무 벌의 옷을 사서 보냈다. 그런데 딸아이가 시집가서 배가 불렀다. 그러니 그 옷을 어떻게 입겠는가? 수백만 원의 돈이 다 날아가 버린 것이다. 그런 사람들이 한둘이 아니다.

가치의 기준을 먹고, 입고, 쓰는 것에 두는 사람은 행복도 늘 순간적이다. 있을 때는 행복해 보이지만 없을 때는 늘 불안하다. 가치의 기준이 너무나 세상적이기 때문이다.

성도들의 가치 기준은 "세상에서 얼마나 잘 먹고 잘 살았느냐?"에 있지 않다. 땅 개발 때문에 벼락부자가 된 사람이 주변에 더러 있지만 그분들 역시 밥 세끼면 족하다. 예수님을 믿고도 여전히 그런 가치 기준으로 기도하는 사람들은 비참한 자리로 스스로 나가겠다는 선언을 하고 있는 것이다.

우리의 가치기준은 '얼마나 모았느냐?' 가 아니라 '얼마나 나누었느냐?' 가 될 것이고, '얼마나 높은 자리에 올랐느냐?' 가 아니라 '얼마나 섬겼느냐?' 가 되어야 한다. 또한 '자녀들이 좋은 얼마나 대학에 갔느냐?' 가 아니라 '얼마나 주님과 동행하는가?' 가 되어야 한다. 그런 가치기준을 가지고 세상을 살아가는 성도들이 되도록 힘쓸 때 우리 후대에게 소망이 있는 것이다.

우리가 가야 할 길

공부는 왜 하는 것인가? 그것은 남을 섬기는 것을 배우는 것이다.

종래의 우리는 많은 사람 위에 군림하고 밑에 놓고 부리기를 원해서 공부했다. 그러니까 늘 감투 타령을 했다. '얼마나 공부를 했느냐?' 그리고 '어느 대학을 나왔는가?' 는 이 사회의 사람을 평가하는 기준이 되었다. 그런데 상고 출신의 대통령이 새로운 정부를 구성한 요즈음에는 우스갯소리로 대통령을 하려면 인문계 고등학교가 아니라 상고를 나와야 한다고 한다.

왜 우리는 이렇게 중요치 않은 것에 그렇게 관심이 있는가? 이런 것이 교회에도 깊숙이 들어와 있어 목사님들이 박사학위를 받으려고 기를 쓰곤 한다. 배우는 것은 좋지만 박사의 타이틀이 사람의 가치 기준까지 바꾸어 버리는 슬픈 현상이 우리가 몸담고 있는 교회 안에도 있다. 공부 자체가 나쁜 것이 아니다. 능력이 있으면 목회자가 끊임없이 공부하는 것은 귀한 일이다. 그러나 박사 자체가 목표가 되면 위험하다. 목사보다도 박사로 알려지기를 바라는 현실이 안타까운 것이다.

그러나 애석하게도 가짜 박사가 신학교에서 많이 배출되고 있다. 부흥회 전단지를 보아도 중요하게 등장하는 것은 타이틀이다. 왜 그런 현상이 일어나는 것일까? 그것은 감투와 밀접한 관계가 있다. 감투싸움은 자녀의 교육 현장에도 깊숙이 들어와 있다. 부모가 어릴 때 이루지 못했던 꿈을 자녀를 통해서 이루어 보기를 원하는 것이다.

나도 어릴 때 피아노를 치던 친구들을 얼마나 부러워했는지 모른다. 당시만 해도 학교에서 가정 조사를 하면 '피아노가 있느냐, 없느냐?' 가 부의 척도가 되었던 시절이었다.

나의 자녀도 피아노를 일년 정도 배우다가 중퇴하였다. 일년 이상을 다녀도 실력이 별로 늘지 않으니까 그만 오는 것이 좋겠다고 한 것이다. 학원비 받아가면서 사시는 학원 선생님이 경제적인 아픔을 감수하면서까지 오지 말라고 할 때야 얼마나 소망이 없어 보였는지 짐작하고도 남는다. "너는 내가 못 다한 한을 갚아 달라."는 식의 태도가 자녀들을 얼마나 힘들게 하였는지 뒤늦게 깨달았다.

문제는 기성세대가 이런 일들에 자신도 모르게 익숙해져 있다는 것이다. 자녀들이 일류대학에 들어갔다는 것, 대기업에 들어갔다는 것을 자랑으로 삼지 진정 자녀가 행복한지는 도외시할 때가 많다.

교회 교육의 궁극적 목적은 예수님처럼 '섬김'에 있어야 한다. 먼저 본을 보이고 그 삶의 길을 따르도록 하는 것이 진정한 리더이다. 이름이나 간판을 가지고 자랑하는 것은 신앙 방향을 상실하게 할 위험이 있다. 우리가 지금 어디로 가고 있는가를 분명하고 정확히 알아야 할 것이다.

벨 교육은 공부 비법을 설명하여 성적 높은 사람을 만드는 학습법이 아니다. 오히려 성경에서 말하는 진정한 리더의 길을 어떻게 가는가를 교육하려는 것이다. 그것이 우리가 오늘 걸어가야 할 길이다.

가짜 진주를 파는 사람들

몇 해 전 캐나다에 간 적이 있었다. 가이드를 하던 기사가 맥주 한 잔 사달라고 해서 큰 도시의 거리에 맥주집을 찾아 나섰다. 그러나 25분을 걸어도 술 파는 곳도 없고 맥주집도 안 나타나서 주유소에 가서 물었더니 아직 25분 더 걸어가야 맥주집이 나온다는 것이다. 50분 동안 다시 걸어올 생각하니 정신이 아득해서 그냥 돌아왔다.

돌아오면서 많은 생각을 하게 되었다. 이들은 요란하지 않아도 성경적 삶이 있는 나라임을 알았다. 물론 그곳에도 문제가 없는 것은 아니겠지만 토양이 괜찮기에 복음의 씨가 열매로 맺힐 확률이 크다는 것이다. 성경적인 토양을 가지고 있기에 삶도 깨끗한 것은 아닐까?

어떤 분이 대화 중에 한국은 은혜와 능력이 있고 성령의 은사도 많이 나타나지만 아직도 성경적인 삶을 실천하는 기독교적 토양의 나라고 할 수 없는 안타까움이 있다고 하였다. 기독교인이 많다고 기독교적인 삶이 있거나 기독교적인 문화가 정착된 나라는 아니다. 삼일운동 당시의 기독교인들은 30만이었으나 그들은 이 민족의 어두웠던 시대를 깨웠다. 이처럼 벧 교육은 하나님을 사랑하고 민족을 사랑하는 진정한 이 시대의 리더를 세워 가기를 소망한다.

이사야의 안타까운 절규가 지금 이 시대에도 들리고 있다.

> 크게 외치라 아끼지 말라 네 목소리를 나팔같이 날려 내 백성에게 허물을, 야곱 집에 그 죄를 고하라 그들이 날마다 나를 찾아 나의 길 알기를 즐거워함이 마치 의를 행하여 그 하나님의 규례를 폐하지 아니하는 나라 같아서 의로운 판단을 내게 구하며 하나님과 가까이 하기를 즐겨하며 이르기를 우리가 금식하되 주께서 보지 아니하심은 어찜이오며 우리가 마음을 괴롭게 하되 주께서 알아주지 아니하심은 어찜이니까 하느니라 보라 너희가 금식하는 날에 오락을 찾아 얻으며 온갖 일을 시키는도다 보라 너희가 금식하면서 다투며 싸우며 악한 주먹으로 치는도다 너희의 오늘 금식하는 것은 너희 목소리로 상달케 하려 하는 것이 아니라 이것이 어찌 나의 기뻐하는 금식이 되겠으며 이것이 어찌 사람이 그 마음을 괴롭게 하는 날이 되겠느냐 그 머리를 갈대같이 숙이고 굵은 베와 재를 펴는 것을 어찌 금식이라 하겠으며 여호와께 열납될 날이라 하겠느냐 나의 기뻐하는 금식은 흉악의 결박을 풀어 주며 멍에의 줄을 끌러 주며 압제당하는 자를 자유케 하며 모든 멍에를 꺾는 것이 아니겠느냐 또 주린 자에게 네 식물을 나눠 주며 유리하는 빈민을 네 집에 들이며 벗은 자를 보면 입히며 또 네 골육을 피하여 스스로 숨지 아니하는 것이 아니겠느냐 그리하면 네 빛이 아침같이 비칠 것이며 네 치료가 급속할 것이며 네 의가 네 앞에 행하고 여호와의 영광이 네 뒤에 호위하리니 네가 부를 때에는 나 여호와가 응답하겠고 네가 부르짖을 때에는 말하기를 내가 여기 있다 하리라 (이사야 58:1~9)

이스라엘 백성들은 금식하고 부르짖으며 하나님을 찾았지만 사실 그들에게는 삶이 없는 외침만 있었고 형식의 틀만 있었다. 이사야는 결론적으로 '너희들이 무너졌다.'고 말하고 있다.(이사야 58:12)

오래 전 중국에서 색깔이 좋아 보이는 보석을 하나 산 적이 있었다. 판매원이 14K 골드에 진짜 보석이라고 하면서 내게 권했다. 진짜 진주라고 하는데 값이 저렴했다. 안 사려고 하니 막 깎아 주는 바람에 그만 사고 말았다. 나는 집에 도착하자마자 흐뭇한 마음으로 아내한테 보석 반지를 내밀었다.

그런데 문제가 발생했다. 얼마 전 장롱 속에 깊이 둔 반지를 꺼내 보던 아내가 말했다.

"이거 정말 진짜 맞아요?"

그런데 아무리 보아도 이상했다.

"분명히 진짜라고 했는데 왜 가짜가 되었지?"

복음의 절대성은 시대를 뛰어 넘어 변함없이 그 빛을 발한다. 그런데 문제는 그것을 팔고 있는 사람들이 가짜 진주를 파는 것처럼 되어 버린 것이 안타까운 일이다. 저쪽에서 값을 내리면 우리는 더 좋은 조건에 팔겠다는 흥정과 세일의 대상이 된 것이다. 즉, 복음을 가짜 진주처럼 팔고 있는 시장의 분위기와 다를 바 없는 것이 현실이다.

진짜 진주장사라면 진짜 진주를 팔아야 한다. 진짜를 가지고 싸구려로 팔거나 가짜를 진짜처럼 팔면 안 된다. 고객이 오면 온갖 방법을 다 동원하고 다른 상점보다 더 그럴 듯한 상술을 써서 판단력을 흐리게 하면 안 된다. 비즈니스성 교회로 전락하여 가짜를 가지고 진짜처럼 파는 희한한 장사꾼이 많아진 오늘 특히 목회자들은 욕심을 버려야 한다.

내가 가진 복음의 열정이 진짜인지 아닌지를 판단하는 것은 그리 어려운 일이 아니다. 나로 인하여 다른 사람 또는 다른 존재가 상처를 입게 된다면 그것은 우리의 욕심 때문이다. 남의 교인이라도 데리고 와야 된다는 도덕성의 결여로 인하여 거룩한 토양이 오히려 지저분하게 비쳐지고 있다. 가짜와 진짜를 구분하지 못하는 시장이 되어

버린 것이다. 그러니 진짜 진주를 사러 오는 사람이 드물게 되었다. 복음을 지닌 자는 세상에서 가장 귀한 진주를 소유한 자이고 진주를 파는 자이다.(마태복음 13:45~46)

벨 교육은 값진 진주를 소유한 자들을 리더로 세워 가는 교육이다. 멋진 진주를 파는 복음의 리더를 세우려고 한다. 복음을 전하는 자는 값진 진주를 가진 자의 풍요함을 지녀야 한다.

> 너희들이 복음을 받지 아니하므로 우리가 이방인에게로 가노라.
> (사도행전 13:51 ~ 52)

바울이 복음을 거절하고 있는 유대인에게 선언했던 그 당당함을 가지고 살아야 한다. 그래야 이 황무한 토양이 성경적인 토양으로 개간되는 것이다.

무엇이 성경적인 교육을 방해하고 있는가?

왜 성경적인 토양으로 개간되지 않으면 위기인가?

어떤 사람이 복권을 산 후 간절히 기도를 드렸다. 일등에 당첨되게 해 달라고 말이다. 그런데 그것이 정말로 일등에 당첨되었다면 어떻게 되었을까? 아마 하나님이 자신에게 복을 주셔서 이렇게 당첨되었다고 간증하며 다녔을 것이다. 그러면 그 간증을 들은 사람들 중 몇몇은 간절히 기도한 후 복권을 사러 갔을 것이다.

교회를 짓는 것이 너무도 힘들었다는 전주의 어느 목사님으로부터 직접 들은 이야기이다. 교회를 짓던 중 돈을 가지고 도망간 사업자로 인하여 교회 건축은 중단되고 예배드리는 중에도 빚쟁이들이 날마다 와서 돈을 달라며 괴롭혔다고 한다. 너무나 힘들었던 목사님은 성도들 몇 명과 함께 기도도 하고 산행도 할 겸 속리산으로 갔다.
　성도들이 먼저 올라 간 후에 목사님은 조금 깊은 골짜기로 들어가서 열심히 기도를 하고 있는데 하나님의 음성인지는 몰라도 '네 눈을 떠서 옆을 보라.'는 음성이 들렸다고 한다. 그런데 바로 그 곳에 산삼이 있었다는 것이다. 그것도 한 뿌리가 아닌 일곱 뿌리나 있었다고 한다. 그 산삼 덕분에 교회 빚도 다 갚고 성전을 완공했다는 간증이었다.
　문제는 그 이후다. 성전 짓다가 어려운 분들은 모두 그 목사님을 초청해서 간증을 듣고는 산으로 갔다는 것이 아닌가! 왜 갔을까? 산삼 캐려고 간 것이 뻔한 일이다. 그러나 그 이후 어느 누구도 산삼 캐서 교회 건축헌금을 드렸다는 사람은 나오지 않았다.

　어부 시몬의 부름이 있었던 게네사렛 호수의 현장을 우리는 기억하고 있다. 그곳에서 우리는 예수님 말씀에 순종했다가 단번에 횡재한 사람을 만날 수 있다.
　피곤한 인생길의 어부 시몬은 밤새 한 마리의 고기도 못 잡고 빈 그물만 씻고 있었다. 그때 예수님께서 그를 찾아오셨다. 그리고 깊은 데로 가서 그물을 내리라고 말씀하셨다. 그 말씀을 믿고 그물을 내린 시몬은 그물이 찢어질 정도로 고기를 많이 낚아 올렸다.
　이 부분에서 우리가 가장 눈여겨보는 것은 바로 순종이다. 순종하니까 대박이 터졌다고 생각하는 것이다. 그러니 대박 터지려면 말씀에 순종하면서 십일조도 드리고 주일 성수 잘 하면 그물이 찢어지도록 고기를 낚을 수 있을 거라는 사고가 자연스럽게 자리 잡았다.
　그러나 진정으로 중요한 것은 예수님의 부르심이다. 왜 예수님이 그에게 고기를 잡게 했는지를 놓치면 아마 예수님을 쫓아갈 생각은 안하고 계속 죽치고 앉아 고기만 잡으려고 할 것이다. 그리고는 '말씀대로 순종하며 그물을 내렸는데 왜 나에게는 한 마리도 안 잡히는가?' 하며, 그 일로 인하여 낙심하게 될 것이다. 고기를 잡는 것보다 중요한 것은 예수님의 부르심인데 말이다.

세상적인 성공주의, 출세주의 가치관이 성경적인 토양을 개간하는 데 가장 큰 장애물들이다. 복권을 샀던 사람이 일등에 당첨되면 기도하여서 정말로 일등에 당첨되었다며 간증을 할 것이고, 그 간증을 통해서 '꿈에 하얀 옷을 입은 사람이 나타나서 로또 복권을 사라고 말씀하셨다.'든지, '아직 때가 이르매 다음 주에 복권을 사라.'고 했다든지, '기도 중에 당첨될 숫자가 뚜렷하게 보였다.'든지 하는 여러 가지 에피소드가 등장할 것이다.

그런 간증을 들은 사람들에겐 어떤 일이 발생할까? 기도하고 나서는 로또 복권을 사려고 장사진을 칠 것이 분명하다. "하나님 앞에 비나이다. 비나이다." 하는 사람들이 엄청나게 생길 것이다. 결국 신앙은 복권을 위해서, 성령님의 역사는 복권 당첨을 위한 사역으로 전락하고 말 것이다. 이런 엉뚱하고 허망한 생각이 이 시대 신앙의 위기일 것이다.

성적을 높여서 좋은 대학에 보내는 학습법을 가르치는 것이 벧 교육이 아니다. 예배를 포기하면서까지 일류대학에 들어가는 것이 하나님께 영광 돌리는 일이라고 생각하는 것은 벧 교육이 아니다. 오히려 예배를 드리고 대학 들어가는 것을 기뻐하는 자로 세우는 것이 벧 교육이다. 하나님은 그런 자를 쓰신다.

한국 교회는 부모의 체면과 자존심을 위하여 자녀들을 희생시켜 가며 엄청난 사교육비를 들여서 과외와 학원으로 내몰고 있다. 강남으로 위장 전입을 하는 이유도 주로 자녀들 교육 문제 때문이다. 자녀들을 좋은 학원, 좋은 학교에 들여보내야겠다는 과욕 때문이다.

성경교육이 세상교육을 압도할 수 없다면 2천년 동안 불변한 하나님의 말씀은 거짓된 것이다. 성경을 믿는다고 하면서도 교육 문제 앞에서 방황하고, 교회는 수없이 건축되고 세워지는데 삶의 현장이 변화되지 않는 이유는 무엇일까? 이는 겉으로 드러내기를 좋아했던 바리새인들의 모습과 닮았기 때문은 아닐까? 개인주의와 기복주의, 물질주의가 복음의 이름으로 교회 깊숙이 자리를 잡고 있기 때문은 아닐까?

무너진 곳을 세우는 사람들이 되어야 한다. 무너지려 할 때 같이 세우려는 사람이 있어야 한다. 어떻게 그것을 세울 수 있을까? 바로 그 길이 올바른 삶의 자세와 정신, 그리고 실력 있는 리더를 세워 가는 성경적인 교육으로 황무한 땅을 개간하려는 벧 교육의 정신이자 갈 길이다. 이제 그 길을 떠나 보자.

2장 | 땀 흘리는 삶의 내적인 열매

한국 교회 부흥의 역사 가운데는 하나님의 특별하신 은혜가 있었다. 말씀 사역을 통해 치유와 성령의 역사가 강권적으로 일어났다. 그러나 '하나님이 사랑하시면 축복해 주신다.'는 다소 세속적인 성공의 개념으로 변질되었다. 하나님은 좁은 길을 원했지만 우리는 '잃었던 자리에서 많이 얻고, 실패했던 자리에서 성공하고, 병들었던 자리에서 고침 받고'라는 길로 접어들게 되었다. 기복적인 토양 때문에 우리는 어지간히 축복에 굶주린 사람들처럼 간증을 하고 살아 왔다. 그래서 예수를 믿고 여전히 가난한 삶을 살면 '저 사람은 뭐가 잘못되어서 그런 것'이라고 쉽게 판단하는 경향이 있다. 성장주의와 출세주의가 교회에 들어온 결과이다.

실천하는 삶

'아라비아 로렌스(Lawrence of Arabia)'라는 영화가 있다. 그 영화에서 가장 인상 깊은 장면은 로렌스의 군대가 사막을 가로질러 열흘 간 행군하는 장면이다. 식수가 떨어져 거의 죽을 지경에 처했던 부대원들은 오아시스를 발견하였고, 모두들 정신없이 물 속으로 뛰어들었다. 그때 로렌스는 낙타를 탄 소년이 없음을 알게 된다. 낙타는 캠프 뒤에서 발견되었으나 소년은 타고 있지 않았던 것이다. 로렌스는 부하들에게 "우리는 돌아가서 그 소년을 찾아야 한다."라고 말한다. 그러나 부하들은 그 끔찍한 사막으로 다시 돌아가려 하질 않았다. 그들은 "소년이 우리와 함께 돌아오지 않은 것은 알라의 뜻입니다. 그의 운명은 하나님에 의해서 기록됩니다. 우리가 간섭할 필요가 없습니다."라며 애원한다.

화가 난 로렌스는 혼자 낙타에 올라타고 다시 모래사막을 향하여 출발한다. 남은 부하들은 "이제 우리는 대장도 잃게 되었다."고 체념하며 휴식을 취했다. 그러나 이틀이 지난 후, 뜨거운 사막 열기의 파도 너머 무언가 움직이는 형상이 나타났다.

"로렌스다! 그가 소년을 데리고 온다!"

병사들은 소리를 지르며 로렌스를 도와주기 위해 달려갔다. 그는 휘청거리며 소년을 그들에게 넘겨주었다. 그리고 쉰 목소리로 "기억하라! 알라가 운명을 기록하는 것이 아니라 당신들이 운명을 기록하지 않으면, 아무 것도 기록되지 않는다."라고 말했다.

의미 있는 이야기이다. 한국 교회 성도들은 마땅히 실천할 일을 하지 않으면서도 하나님의 뜻에 맡긴다고 할 때가 종종 있다. 나사로의 돌무덤 앞에 선 예수님은 "너희가 하나님의 영광을 보려면 돌을 옮겨 놓으라"고 하셨다. 돌을 옮기는 실천이 있을 때 죽은 나사로가 살아 나올 수 있음을 가르쳐 주신 것이다. 예수님은 사람들에게, 원하는 것을 청구하라 하셨고, 그 요구를 명확히 표현하라 하셨다.

> 구하라, 받을 것이다 찾으라 얻을 것이다 문을 두드리면 열릴 것이다 **너희 중에 아들이 빵을 달라는데 돌을 줄 사람이 어디 있으며 생선을 달라는데 뱀을 줄 사람이 어디 있겠느냐** (마태복음 7:7~10)

성경의 많은 부분은 자녀들에게 좋은 것을 주시려는 열망을 자녀들에게 확신시키기 위한 하나님에 관한 것이다. 그런데 문제는 좋은 것을 주시려고 해도 받을 구체적 움직임이 없이 기도만 하는 사람이다. 돌은 옮겨 놓으려 하지 않고 "왜 나사로는 살아나지 않느냐?"고 항변하는 어리석은 사람들이 얼마나 많은가?

창조주 하나님은 에덴동산에서 들짐승과 공중의 새를 만드시고, 아담이 이름을 어떻게 붙이는가 보고 계셨다.(창세기 2:19) 하나님은 인간에게 자신의 권한을 부여하고 그 움직임을 갖고 실천하는 것을 좋아하시는 분임을 잊어서는 안 된다.

벨은 성경적 교육과 함께 중요하게 여기는 단어가 있다. '실천'이라는 단어이다. 벨은 실천하는 교육이다. 말하는 것이 아니라 행복하게 살아갈 수 있도록 실천하는 싸움이다. 그래야 후대에 소망이 있다.

파인애플 장사

아주 오래 전에 읽은 소책자 중에 '파인애플 스토리'가 있다. 어느 의료선교사가 아프리카 오지에 선교사로 간다. 그는 그곳의 원주민을 통해 자신의 마당에 파인애플 나무를 심게 했다. 선교사는 그 나무가 자라는 것을 보면서 파인애플이 열리게 될 날을 고대하게 된다.

드디어 고대하던 파인애플이 열렸다. 그런데 그 열매가 다 자라기도 전에 없어지곤 했다. 선교사는 화가 나서 열매를 따먹지 못하도록 울타리도 치고 개도 갖다 놓았지만 여전했다.

그러던 어느 날 자기 병원을 왕래하는 동네 사람이 파인애플을 가져간다는 것을 알게 되었다. 그래서 "왜 내 파인애플을 따 먹느냐?"고 물었더니 그들은 '이것은 우리가 심었기 때문에 우리의 것'이라고 하였다. 그들의 문화는 누구의 것인가보다 누가 심었는가가 중요했던 것이다.

그렇지만 그는 '당신들이 이 열매를 따먹으면 나는 이주하겠다.'고 엄포를 놓았다. 그러나 파인애플은 계속 없어졌다. 그는 도적질하는 사람들하고는 살 수 없다고 생각하여 결국 이사를 했다. 병원에는 사람들의 발걸음이 뜸해졌다. 그 후 그는 회의와 좌절을 하다가 안식년이 되어 고국으로 돌아왔다.

그는 고국의 한 집회에서 은혜를 받게 된다. 왜 자신이 의료 선교사로서 열매를 거두지 못하였는가를 깨닫게 되었다. 결국 그 파인애플은 하나님의 것임에도 불구하고 자기 것이라고 우기다가 진정으로 해야 할 선교사의 사명을 놓치게 되었다는 것을 알게 된 것이다.

그는 다시 그 현장으로 돌아갔다. 파인애플은 여전히 없어졌지만 이제 아무 말을 하지 않았다. 그러자 그들이 와서 물었다.

"왜 따먹어도 아무 말을 하지 않지요?"

그러자 그 선교사는 이렇게 대답했다.

"파인애플은 내 것이 아니기 때문입니다."

그들은 놀라서 "그럼 누구의 것이란 말인가요?" 하고 물었다. 그러자 그 선교사는 "내 것이 아니라 하나님의 것입니다."라고 말한다. 그들은 '하나님의 것'이라는 말에 다시는 파인애플을 함부로 따먹지 않게 되었고 그들과의 관계도 회복되어 선교사로서의 사명을 잘 감당하게 되었다는 이야기였다.

성령에 대하여 제대로 알지 못하면 우리는 성령의 은사를 가지고 엉뚱한 짓을 하게 된다. 남들보다 머리가 똑똑하면 그것을 가지고 사기 치고 거짓됨으로 나아가는 사람이 많다. 하나님이 주신 신유와 예언의 은사를 자기 것인 양 그것으로 자기의 아성을 쌓고 자기의 이름을 드러내려는 사람들이 있다. 파인애플이 의료선교 사역에 도움이 되어야 하는데 오히려 의료선교는 뒷전이고 파인애플 장사를 하고 있었다면 얼마나 비참한 일인가?

그런데 문제는 우리 주위에도 그런 경우가 많다는 것이다. 사람을 고치라고 세운 병원에 사람은 별로 없고 파인애플만 그득한 것이나 다름없는 것이다. 조심하지 않으면 우리도 파인애플 장사로 전락할 수 있다는 사실을 기억해야 할 것이다.

목사가 그것도 몰라?

한번은 고등학생 딸이 영어책을 가지고 사무실로 들어왔다. 그리고는 "아빠, 이 문제 답이 뭐예요?" 하고 묻는다. 고등학교 영어지만 답이 이것도 같고 저것도 같고 그래서 잘 모르겠다고 하니까 딸이 하는 말이 걸작이다.

"목사가 그것도 몰라?"

그래서 나도 한 마디 해야만 했다.

"공부할 때 열심히 해야지 아빠가 네 공부 대신해 주냐?"

우리는 대부분 예수님을 믿으니 예수님이 다 해주실 것이라는 막연한 기대감을 갖고 있을 때가 많다. "하나님이 계시니까 다 아실 거야." 하면서 공부시간에 공부하지 않고 엉뚱한 생각만 하다가 모르면 쫓아와서 "하나님 이게 뭐예요?"라고 묻는다. 그리고 그것에 대한 답이 명쾌하게 나타나지 않을 때는 "하나님이 그것도 몰라요?"라고 대든다.

'광야', 그곳은 하나님이 내 공부를 대신 해주는 것이 아니라 목표에 이르기까지 거치는 과정이 있음을 교훈하고 있다. 다만 공부하는 코스를 유치원, 초등학교, 중학교, 고등학교, 대학교 등, 이렇게 지정해 주셔서 걷게 할 뿐이다. "하나님은 전능하시고 나를 사랑하시니까 공부까지 다해 주세요."라고 말할 것이 아니라, 이렇게 지정해 주신 코스를 걸어가야 한다는 말이다. 하나님께서 코스를 지정해 주시고 그가 그 코스를 잘 통과하도록 뒤에서 보이지 않게 밀어 주시는 곳, 바로 그곳이 광야이다. 이 광야에서 하나님으로부터 철저한 훈련을 받아야 한다.

율법은 약도와 같다. 약도대로 따라가면 된다. 그런데 약도는 들었지만 소경이므로 보지 못하고, 귀머거리이므로 듣지 못하기 때문에 죽게 되는 것이다. 이제 눈을 뜨고 귀를 열어 비로소 자신이 하나님 앞에 얼마나 죄인인가를 알아야 한다. 사람은 내가 죄인이라는 것을 발견하는 것과 비례해서 하나님을 아는 것이다. 하나님 앞에 "제가 죄인입니다."라는 고백이 있을 때, 우리는 비로소 영적인 눈을 뜨고 귀가 열리게 되어 나의 나 됨을 알게 되는 것이다.

우리는 죄에 대해 얼마나 익숙한지 모른다. "하나님, 잘 믿겠습니다."라고 해놓고 나도 모르는 사이에 불평과 원망의 자리에 가 있다. 하나님께서는 광야에서 율법이라는 수단을 통하여 우리가 얼마나 악한 자이며 우리 스스로는 구원받을 수 없는 아주 무능한 자임을 알게 해주셨다.

벨 교육은 스스로 홀로 서는 싸움을 위해 광야의 체험을 하는 사람들이다. 그래야 하나님께서 인정하는 실력자가 된다.

클럽하우스가 된 성전

예수님이 "성전을 헐라"고 하신 말씀은 오늘날 우리에게 무엇을 의미하는지 알아야 한다. 우리가 예수님을 거룩하신 하나님으로 알고 관계를 맺고 살려면 성전의 개념이 분명하지 않으면 안 된다.

성전은 하나님과의 만남이 이루어지는 곳이다. 그러나 당시의 성전은 카드깡을 하는 곳이 되어버렸다. 아무리 멀어도 꼭 예루살렘 성전에 와서 예배드려야 열납한다는 당시의 관례에 따라 많은 사람들이 짐승을 데리고 머나먼 길을 오게 되었다. 그러다 보니 짐승들은 상처를 입게 되었고 흠 없는 짐승을 바쳐야 하는 율례를 이용해 짐승을 비싼 값에 팔아먹는 동물 시장이 되어 버린 것이다. 거룩한 현장을 시장판으로 돌변시킨 것이다.

하나님과의 영적 관계가 무너지면 신앙이 타락하고 신앙이 타락하면 교회가 이권중심으로 전락하여 세속화된다. 사명을 잃어버린 현대교회에 대한 데오도르 웨델의 유명한 풍자 이야기가 있다.

어느 위험한 해안지역에 인명 구조소가 하나 있었다. 그 지역은 침몰사고가 잦은 곳이었고 그 구조소는 한낱 오두막에 불과한 조그만 곳이었다. 그렇지만 몇 사람의 헌신적인 구조대원은 자기 몸을 돌보지 않고 주야로 조난자를 찾아 나섰다. 그 결과 많은 사람들이 이 작은 구조소로 인하여 생명을 건지게 되었고 그래서 이 구조소는 널리 알려지게 되었다. 이곳을 통해 구조 받은 사람들이 모여서 구조 사업을 지원했고 여러 척의 구조선이 새로 구입되었다.

새로운 구조대원이 훈련을 받았다. 이 구조소에 애착을 가진 많은 사람들은 이곳이 바다로부터 구원받은 사람들의 첫 안식처로서는 시설이 아직도 부족하다고 생각했다. 그리하여 이곳은 다시 수리되었고 확장되어 좀더 화려하고 웅장한 장식으로 치장되었다.

이제 그 구조소는 유명한 곳이 되어버렸다. 왜냐하면 사람들이 이 건물을 사교적 모임을 위한 클럽하우스로 사용했기 때문이다.

시간이 가면서 인명구조의 사명을 위해 바다로 나가는 데 관심을 두는 사람들은 별로 없었고 이 일을 위해 그들은 인명구조원을 고용하기에 이르렀다. 인명구조는 점차 주된 관심사에서 멀어져갔고 단지 구조소의 상징으로써 모형구조선이 비치돼 있을 뿐이었다.

　때마침 그곳에 큰 풍랑이 일어 그 근방을 항해하던 배가 침몰하였다. 그때 고용된 구조원이 출동하여 조난 당한 사람들을 잔뜩 구조해왔다.

　그들의 몸은 물에 빠져 형편없었고 추위에 떨며 공포에 질린 표정이 역력하였다. 그들이 고급스런 클럽 하우스바닥에 바닷물을 뚝뚝 흘리며 들어오자 아름다운 건물은 완전 아수라장이 되었다. 그래서 클럽 관리위원회는 회의 끝에 그 건물 바깥에다가 가건물을 짓고는 조난 당한 사람들이 클럽 안에 들어오지 못하도록 하였다.

　그러자 클럽 회원들 사이에서 의견충돌이 생겼다. 대다수의 회원들은 클럽의 품위를 유지하는데 방해가 되니 인명구조를 중단하자고 했고 소수의 사람들은 인명구조가 본연의 임무이니 계속해야 한다는 것이었다.

　결국 투표에 의해 소수의 의견은 무시되었고 이에 반발한 사람은 그 클럽을 탈퇴하여 인근 해안에 새로운 구조소를 세웠다. 그러나 세월이 흘러 이곳도 옛 구조소를 따라가게 되었고 그러다 보니 또 다른 구조소가 세워지게 되었다.

　역사는 똑같은 일을 반복하면서 오늘날 이 해안에는 수많은 클럽과 새로운 구조소가 계속 세워지고 있고 그러는 사이에 많은 사람들은 물에 빠져 죽어가고 있었다.

　교회는 무엇을 위해 존재하는가? 주님이 우리에게 명하신 것은 무엇인가? 지금 당장 구원이 필요한 저들에게 우리는 무엇을 해줄 수 있는가?

　엉뚱한 곳에 우리의 정력을 낭비하지 말아야 한다. 주님의 몸에서 나온 에너지를 세상적인 것을 많이 얻고 누리는 것에 쓰는 것이 아니라 하나님의 나라를 확장하기 위해 써야 한다. 그들에게 하나님의 이름은 있었지만 진정한 하나님의 영은 존재하지 않았다. 제물은 있었지만 그것은 의식에 불과했고 형식화되었다. 그들은 제물을 팔고 사는 데 관심이 있었지 예배에는 관심이 없었고, 실상 하나님과의 고귀한 관계는 끊어졌다. 율법으로 이리 재고 저리 재면서, 김 집사 옷은 길고 이 집사 옷은 짧고 하는 잣대는 있었지만, 진정한 하나님과의 관계 속에 이루어지는 화평과 거룩함은 상실했다.

과대 포장 망상병에 걸린 환자들처럼 그들은 화려함을 좋아했다. 버리라고 하면서도 자기들은 다 취했다. 천국에 대한 메시지를 전하면서도 좋은 서비스를 받으며 살고자 했다.

성전은 클럽 하우스가 아니다. 클럽 하우스의 성격을 지닌 성전은 헐어야 한다.

벨은 하나님의 교회를 아름답게 가꾸는 사람들이다. 무늬만 성전이 아니라 삶이 거룩함을 보여주는 빛이 되어야 한다. 그래야 후대가 산다.

교회 출석하는 병

병중에서 가장 무서운 병이 암이다. 그러나 초기에 발견하면 90% 이상 치유가 된다고 한다. 문제는 죽을 때가 임박해야 통증이 오므로 쉽게 발견되지 않는다는 데에 있다.

한국 교회의 성장은 누가 무어라고 해도 하나님의 특별하신 은혜임에는 틀림이 없다. 그 이면에는 극성스러울 정도로 열심인 새벽기도와 열심히 교회에 다닌 결과임을 누구도 부인할 수 없다. 그러나 교회 출석의 병에 걸리지는 않았는지 염려가 된다.

바리새인들의 병은 바로 그런, 일종의 자기 만족병 또는 자기 우월병이었다. 그 속에서 영적인 암에 걸려 죽는 줄도 모른 것이다.

교회 출석 빈도만 생각하면 한국 교회 성도의 열심은 세계에서 따라오기 힘들 정도라고 한다. 그런데 교회 출석 빈도를 보고 믿음이 있느니 없느니 따지고 있을 때가 많다. 그러나 정작 중요한 것은 출석보다 말씀의 실천이다. 너무 먹어서 영적 지식의 풍요함은 있으나 그것을 실천하지 못하는 영적 비둔함이 이 시대의 병이다. 덩치에 비해 체력이 약한 현대판 바리새인들은 교회 출석병에서 벗어나 삶을 예배의 현장으로 바꾸어 나가야 한다. 모임을 폐하는 악한 사람들의 계략으로 보지 말고 이제 은혜 받은 만큼 살아야 한다는 마음으로 나가야 한다.

안 먹어서 병이 나는 것보다 너무 먹어 병이 나는 사람이 더 많은 것처럼 한국 교회도 너무 먹기만 하고 삶의 현장에서 실천하지 못해 이 토양을 성경적으로 만들지 못하고 있는 것이다. 우리 삶의 모든 현장을 예배의 현장으로 만들어 삶을 변화시키는 운동이 있어야 한다.

하산하라

예수를 믿고 구원 받은 후엔 결국 어디로 가는가를 출애굽기는 제시한다. 하나님의 은혜로 애굽을 탈출한 이스라엘 백성들은 홍해를 건너는 감격을 체험한다. 광야를 지나 가나안에 들어가기까지를 보면 하나님께서 무엇을 원하셨는지 알 수 있다.

하나님께서 예수를 믿은 우리에게 바라시는 것은 "이제 우리가 하나님의 자녀가 되었다. 기뻐하고 즐거워하자. 사업도 잘되고 천국만이 보장되었다."는 자신감만은 아니다. 예수님이 고기 잡던 어부들에게 "나를 따라 오너라." 하신 후에 한 마디 더 하신 말씀을 기억해야 한다.

"너희가 나를 따르면 사람 낚는 어부가 되게 하리라."

예수님을 따르고 배운다는 것은 그 분의 정신과 인격을 배우고 본받아 살겠다는 선언이다.

나는 예전에 무술 영화를 즐겨 보았다. 무술영화에 보면 사부로부터 무술을 전수 받기 위해 얼마나 고생하는가 알 수 있다. 그러나 만약 계속 무술을 닦는 것만 나온다면 얼마나 재미없을까? 무술을 연마하는 데는 원수를 갚는다든지, 가난에 찌든 백성들을 구한다든지 하는 이유가 있다. 홍길동이 인기 있는 것도 그가 무술을 잘하기 때문이 아니었다. 무술을 배운 후에 가난한 백성들을 위해 권력층과 싸우는 것이 통쾌하기 때문이다.

무술 연마를 끝마친 후에는 반드시 이런 대목이 나와야 한다.

"아무개야, 이제 나는 더 이상 가르쳐 줄 것이 없노라, 하산하라! 그리고 네가 배운 무술을 가난하고 연약한 백성들을 위해서 사용하거라."

지금의 토양을 무술 영화에 비유한다면 평생을 산 속에서 무술만 연마하다가 제대로 한 번 싸워보지도 못하고 늙어 버리는 것과 다를 바 없다. 일을 해야 할 때가 되었는데도 하산하지 않고 계속 밥만 축내고 무술만 연마하는 것이다. 우리에게도 '하산하라'는 대목이 있어야 한다. 세상에 나가 싸워야 하는 이유를 깨달아야 한다.

무술의 경지는 높은데 사용할 만한 현장이 없다는 것은 아픔이다. 출애굽하는 이스라엘 백성처럼 기적도 체험하고 이론도 풍부한데, 금송아지만 섬기려는 악한 모습으로 거룩한 토양에 죽치고 앉아 있을 수 있다.

서구 기독교 지도자들은 한국 교회에 대해서 두 번 놀란다고 한다. 한 번은 엄청난 교회의 성장과 뜨거운 신앙의 열기에 놀라고 또 한번은 그럼에도 불구하고 한국 사회에 별다른 영향을 끼치지 못하는 것에 놀란다고 한다.

세계에서 제일 큰 교회가 있고 십자가 불빛이 가장 많이 번쩍이는 곳이 바로 한국이다. 그럼에도 삼풍백화점이 무너지는가 하면 대구 참사 같은 어처구니없는 사건으로 세계를 놀라게 한다. 책임지는 사람들이 없는 나라가 슬프게도 우리가 살고 있는 현장이다. 왜 그럴까?

이유는 간단하다. 무술을 배우기는 배웠는데 내려오지 않고 산에 눌러 살기 때문이다. 물 좋고 공기가 좋다고 죽치고 앉아 열심히 익힌 무술을 실천하지 않기 때문이다.

실천이 있을 때 나타나는 것이 바로 성령의 열매이다. 먼 훗날 주님 앞에 섰을 때는 얼마나 많은 능력을 행하고 귀신을 쫓아내고 병을 고쳤는가를 보시는 것이 아니라 열매를 맺었는가를 보신다는 것을 기억하여야 한다. 그 열매는 삶으로 증거되는 것이다. 강단에서 선포되는 말씀을 그대로 실천했다면 우리는 지금처럼 혼란하지 않았을 것이고 기독교 정신이 이 시대를 이끌어 가고 있을 것이다.

교회와 교회 밖, 너무나 다른 두 세상을 오가며 살고 있는 그리스도인들의 이중적인 삶을 돌이켜야 한다. 벨 교육은 그 실천의 길을 함께 가자는 분명하고도 구체적인 외침이다.

왜 이원론적인 현상이 등장하고 있는 것일까?

그것은 성경적 세계관의 부재이다. 성경적 세계관이 아닌 세상적인 세계관으로 믿음의 삶을 유지하고 있기 때문이다. 그것이 우리에게 무엇을 가져다주겠는가? 은혜와 감동은 쉽게 받지만 성령의 열매가 아닌 은사 중심으로 몰아 삶의 열매가 부족하게 나타나는 것이다. 이런 현상은 어디에서 올까? 그것은 성공과 실패를 정확히 구분하지 못하는 데서 오는 것이다.

지금은 고인이 되신 대천덕 신부님은 "우리 인생의 여정에 성공도 실패도 없다."는 말씀을 하신 적이 있다. 아무리 많은 것을 잃었다 할지라도 예수님이 계시다면 그 자체가 성공인 것이다. 그러나 아무리 많은 것을 얻었다 할지라도 그렇지 않다면 실패라는 것을 기억해야 한다.

어느 날 한 집사님이 찾아 와서 "신앙생활을 하면서 갈등이 많이 일어난다."는 고백을 진지하게 하였다. 왜냐고 물었더니 "그럭저럭 신앙생활을 하는 아무개 집사님은 하는 일마다 잘 되는데, 나는 열심히 믿는데도 되는 일이 없다."는 것이다. 그 집사님에게 하나님은 친아버지 같고 자신에게는 의붓아버지 같다는 생각이 든다는 것이다.

그에게는 과연 무엇이 잣대가 되었는가? 여전히 세상적인 것이다. 한때의 감동이 우리를 변화시키지 않는다. 열매는 그렇게 단번에 맺어지는 것이 아니다. 끊임없이 열매를 맺기 위한 내면적인 훈련을 하지 않으면 범죄의 구렁텅이로 갈 수도 있다. 아무리 많은 능력을 행한다고 해도 그 내면에 욕심이 있고 자기를 과시하거나 삶에서 성령의 열매가 나타나지 않으면 다시 한 번 진단해야 한다.

예수님을 잘 믿는 나의 형수는 12년여 동안 식물인간이 되어 병원 신세를 지고 있다. 그러나 원망하지 않고 감사하고 있다. 여전히 하나님을 의지하고 있는 것이다. 그것이 능력이다.

기독교에서 말하는 능력은 얼마나 많이 벌었고 얼마나 좋은 대학에 들어갔는가가 아니다. 망하던 자가 성공하고 죽어 가는 자가 다시 소생하는 것도 능력이지만, 망하거나 죽어가더라도 예수 안에서 행복할 수 있는 것이 더 큰 능력이다.

사도행전 14장에는 바울이 루스드라에 복음을 전하러 갔다가 유대인들에게 돌에 맞아 죽을 지경에 이른 사건이 나온다. 감동적인 것은 그 다음 날 일어나 더베로 복음을 전하러 가고, 얼마 후 바울은 이 루스드라 길을 되짚어 온다. 그 얻어터진 길로 다시 가서 그곳에 있는 성도들에게 환난을 겪고 믿음에 거하라는 권면을 한다. 죽은 줄 알았는데 다시 나타나 거리를 활보하며 복음을 증거하고 있으니 루스드라에 있었던 유대인들은 얼마나 놀랐겠는가? 바울의 이 당당함은 하나님이 주신 것이다.

그리스도 안에는 성공도 실패도 없다. 다만 '내가 예수 안에 거하고 있는가, 아닌가?'가 성공이냐 실패냐의 갈림길이다. 출세 지향에서 벗어나 성령의 열매를 맺는 싸움을 하여야 한다. 누가 더 큰 칼을 찼느냐, 신무기를 가졌느냐보다 하나님 앞에 누가 더 거짓 없이 성결하고 깨끗한가를 놓치지 않아야 한다.

아이성에서처럼 거짓된 아간, 탐욕의 아간을 뽑아내기 위한 내면의 성숙한 싸움이 되어야 성경적인 토양 위에서 성경적 교육이 실력 있게 발휘되는 것이다.

3장 | 창조신앙의 회복

기독교적 토양을 만들어 가려면 교육의 현장에서 창조주 하나님을 확신할 수 있어야 한다. 원숭이가 사람이 되었다고 가르치는 생물 교과서나, 이 우주는 언제인지 몰라도 펑 하고 터져 나왔다는 빅뱅이론만 영향을 끼치는 것이 아니다. 과학에 오염된 교회 교육이 삶 전체를 세뇌시키고 있다.

삶을 어떻게 치유할 것인가?

한국의 기독교인은 크리스천이 천만이 넘는다는데 다 어디에 갔느냐고 아우성이다. 그래서 회개운동을 비롯하여 바르게 사는 여러 가지 운동들을 전개해 나가고 있다.

왜 이렇게 이원론적인 삶을 살고 있을까? 그 원인을 찾아보자. 그렇지 못하면 치료 또한 제대로 되지 않을 것이다. 그것은 암인 환자에게 감기약 정도를 먹여가며 치료되기를 바라는 것과 별 차이가 없을지도 모른다. 약을 먹었다는 위로는 받을지 모르지만 그것이 근본적인 치료가 될 리 없으며, 오히려 어느 면에서는 그 미미한 효과 때문에 제대로 치료해야 할 시기를 놓쳐 나중에는 사경을 헤맬 수도 있을 것이다.
 하나님을 믿는 사람은 많은데 왜 우리 사회는 이처럼 거짓이 가득 차 있는 걸까? 기도가 적어서일까, 아니면 은혜 받은 사람이 적어서일까? 무엇 때문일까?
 기독교인이고 비기독교인이고를 막론하고 '남들 다 하는데' 하는 식의 사고가 사회 구석구석에 만연되어 있다. 그러다 보니 삼풍백화점 사고와 대구 지하철 참사는 세계 10대 부끄럽고 흉물스런 사고에 올라 있다. 만연되어 있는 불신의 행동들, 그 가장 근본적인 원인은 우리가 진화의 문화에 길들여져 있기 때문이다.

 진화의 문화란 우연의 문화이다. 우연히 사람이 만들어졌다고 여기고 우연에 과학을 덧붙인 그런 황당함이 우리의 현재 토양이다. '하나님이 세상을 창조하셨다'는 창조론은 미신이며, '원숭이가 사람이 되었다.'는 것은 과학이라는 이원론적인 문화 속에서 살아가고 있다는 말이다.
 어느 언어학자가 현재 우리가 가장 많이 사용하고 있는 언어를 분석하였는데 운, 운명, 재수, 운수, 팔자, 우연히, 미신 ,점, 기, 단, 환생이라는 결과가 나왔다고 한다. 이런 단어들이 너무 깊게 생활의 밑부분에 자리 잡고 있으니 모든 것을 우연으로 여기는 것이다. 스포츠 중계를 보더라도 빗맞은 안타를 보고는 "운이 좋군요, 운이 좋아!"라고 한다. 이처럼 우연이라는 사고로 자연스럽게 물들여지는 것이다. 하나님의 섭리로 살아가는 사람만이 모든 현장을 하나님의 섭리로 받아들인다.
 그러할 때 우리는 함부로 세상을 살아갈 수 없다. 주어진 모든 것을 하나님의 현장으로 볼 것이고, 그 안에서 일어나는 모든 사건들은 하나님의 메시지로 들을 것이기 때문이다.
 벨 운동은 '우연'이라는 단어를 삶의 현장에서 물리치고자 하는 싸움이다. 우연이 아닌 섭리의 시각으로 가지고 사는 삶의 정신이다. 근본적인 삶의 치유를 '우연'이라는 생각과 단어를 멀리함에 있다고 진단한다. 그래야 후대가 성경적인 토양으로 살아갈 수 있다.

왜 벨 교육은 성경적 세계관 운동을 하는가?

벨 교육에서는 실력 있는 리더를 세우기 전에 먼저 성경적 세계관을 주장한다. 세계관은 안경이라고 말할 수 있다. 안경에 따라 세상은 다르게 보인다. 노랑 렌즈를 끼면 다 노랗게 보이고 빨간색 렌즈를 끼면 다 빨갛게 보이는 법이다.

우리가 어떤 안경을 쓰고 사는가는 매우 중요하다. 성경적 세계관은 그리스도의 주 되심을 인정하는 안경이다. 요한은 "만물이 그로 말미암아 지은 바 되었으니 지은 것이 하나도 그가 없이는 된 것이 없느니라"(요한복음 1:3)고 말했으며, 바울은 "그의 십자가의 피로 화평을 이루사 만물 곧 땅에 있는 것들이나 하늘에 있는 것들을 그로 말미암아 자기와 화목케 되기를 기뻐하심이라"(골로새서 1:20)고 말했다. 마태복음 28장 18절에 보면 "예수께서 나아와 일러 가라사대 하늘과 땅의 모든 권세를 내게 주셨으니"라고 기록되어 있는데 이러한 예수 그리스도를 개인 신앙의 영역에만 국한한다는 것은 분명 잘못이다.

우리가 "예수님은 나의 주인(主人)이십니다."라고 고백하는 것은 과연 어떤 의미를 지니는가? 행동과 생활양식을 개발하여 좀 더 완벽한 그리스도인이 될 수 있는가에 대한 답을 위하여 성경적 세계관이 필요하다. 이원론(二元論)적 행습의 탈피를 위하여서이다.

피조 세계를 관찰, 인식함에 있어서 일관성 있는 사고틀의 부재 혹은 그릇된(지나친 혹은 소홀한) 강조나 거부를 하여 나타나는 분열 증세를 '이원론'이라고 한다. 이원론은 우리의 신앙과 생활을 분리시켜 신앙과 생활 모두에 심각한 해를 끼치게 된다.

동양종교(특히 불교)의 탈 세속적 자세 및 유교의 형식주의와 민간 토속신앙 등의 영향으로 신앙과 생활이 분리되었다. 또한 한국 교회는 짧은 역사에 비해 숱한 고난의 경험으로 말미암아 현재보다는 미래의 천국에 편중하게 되었다. 그 결과 실생활에서 그리스도인들은 자연스레 이원론적 경향으로 흐르게 되었다. 이것은 전임 사역자보다도 일반 신도들 사이에 두드러진다.

그 결과 왕 같은 제사장이라는 그리스도인의 가치관을 포기하고 명목상의 그리스도인이 되는 타협형, 갈등을 견디지 못해 도피하는 분리형, 그리고 이중적인 가치관과 이중적인 행동을 하는 이원론형을 만들어 냈다. 특히 이원론형은 자기의 이중적인 면 때문에 문제의식도 느끼지 못하게 된다. 그러기에 성경적 세계관을 회복하고 교육하는 것은 후대를 성경적 토양의 자리에서 살게 하는 지름길이다. 그것은 곧 풍성한 삶으로의 회복이다.

그리스도인은 모두 다 풍성한 삶(요 10:10)으로 부르심을 받았다. 이 삶을 '영적 생명', '중생', '새로운 피조물' 혹은 현세적 축복(건강회복, 사업의 발전 등)으로 설명하기도 한다. 그러나 그리스도인이 누리는 풍성한 삶이란 훨씬 넓은 창조의 전 영역(인간에게 부여된 창조적 잠재력 -성, 예술, 학문, 사회 등)을 그 내용으로 한다. 삶의 전부가 하나님을 의식하는 예배의 처소로 드려지는 사역이 벧의 사역이요, 운동인 것이다.

벧은 '우연'이라는 말을 쓰지 않는 운동이라고 하였다. 우리가 이 교육을 받는 것도, 이 책자를 잡은 것도 우연이 아니라 하나님의 섭리로 받고 읽게 되었다고 고백해야 한다. 우리 삶의 주변에서 벌어지는 모든 일들을 우연함으로 여길 때 그곳에는 능력이 있을 수 없다.

창조신앙을 회복한다는 것은 단순히 믿음을 가졌다는 것이 아니다. '어떻게 살아야 할 것인가?' 의 방향설정을 하는 것이다. 이사야서에 "내가 하늘도 땅도 창조하였다."는 말씀이 자주 나온다. 하나님은 왜 자꾸 "창조하셨다."는 것을 반복하여 말씀하실까? 그것은 그들이 하나님을 안 믿어서가 아니다. 알기는 하지만 여전히 풍요의 신 바알과 아세라 상을 섬기고 있기에 누가 창조하였는지를 보라는 것이다.

벨 운동은 창조신앙을 회복하는 싸움이다. 우연주의와 과학주의에 세뇌되어 있는 사람들에게 창조주 하나님을 확신시키자는 것이다. 그래야 성경적인 교육의 위대함을 최대한 발휘할 수 있는 능력을 소유하게 된다.

벨 교육은 단순히 실력을 높여 공부 잘하는 사람을 만들어 가는 것이 아니라, 성경적인 토양을 만들어 성경적인 삶을 실천하고 그 열매를 후대에 물려주자는 것이다.

문화가 교회에 미치는 영향

윌리암 체드윅이라는 목사는 미국 풀러 신학교 내의 교회성장연구소에서 피터 와그너 박사와 같이 교회 성장원리와 기술을 터득했으나 그 허상을 깨닫고 '수평이동성장' 거부 운동을 10년 넘게 펼쳐 오고 있다. 그는 문화가 교회에 미치는 영향을 이렇게 평가하였다.

물질만능주의의 소비 패턴이 일편단심 한 교회라는 오랜 전통을 무너뜨렸다. 사람들은 더 이상 자신이 역사적 뿌리를 내리고 있는 교회에 충성하지 않는다.

소비심리가 헌신의 성격까지 바꾸어 놓았다. 교회는 섬기는 곳에서 섬김을 바라는 곳으로 바뀌었다. 한 가족이 교회를 선택할 때 '이 교회가 우리의 필요를 채워 주는가?'라는 문제가 우선순위를 차지하게 되었다.

오늘날의 교회는 교회 쇼핑객들과 교회 소비자들로 가득 차 있다. 맥도날드 교회(교회를 맥도날드 햄버거 체인점에 비유)가 전통적인 그 안에 존재하는 관계 중심적 가치관을 대신해 버렸다. 그리스도인들은 교회라는 체인점에 들러 패스트푸드 제품들을 주문한다. 그리고 교회가 제공한 제품을 소비하고는 차를 몰고 나가다가 마치 햄버거 포장지처럼 삶의 고속도로에 버린다.

약삭빠른 목회자들은 사람들의 구미에 맞는 햄버거를 내 놓음으로서 어떻게 하면 급속한 교회성장을 이룰 수 있을지 간파한다. 어떤 경우에는 기존의 것을 대신하는 흥미로운 제품을 내놓아 상당수 기존 교인들을 기존 교회에서 이탈시킬 수 있다.

그는 '양 도둑질의 7가지 큰 죄를 아는가?'라고 물으며 이렇게 이야기했다.

어떤 제품을 사게 되면 보이지 않는 비용이 많이 따른다. 승용차를 사면 순수한 차 가격 외에 판매세, 소비세, 탁송료, 면허세, 보험료들이 별도로 들어간다. 이 양 도둑질에도 보이지 않는 대가가 따른다.

첫째, 교회를 불구로 만든다. 작은 교회의 선교능력을 빼앗아 버림으로써 잠재적으로 작은 교회들의 건강에 큰 영향을 미칠 수 있다

둘째, 교회 지도자를 죽이는 결과를 초래한다. 수평 이동성장은 교회 지도자들의 사역 비전과 열정을 빼앗아 버린다.

셋째, 그리스도 안에서 한 몸이라는 연합과 연대 정신의 실종을 가져온다. 수평이동성장은 언제부터인가 이 시대는 개 교회 중심의 집

회만 있지 연합으로 서로 후원하는 그런 행사를 힘들게 하였다.

넷째, 도덕성의 상실이다. 다른 교회를 희생시키면서 자신의 교회를 성장시키려는 욕망은 결국 그리스도의 몸을 손상시킨다.

다섯째, 성숙한 그리스도인을 양성하지 못한다. 그리스도인은 갈등을 부인하는 자가 아니라 갈등을 극복한다. 그런 면에서 수평이동 성장은 갈등에 직면한 사람들이 쉽게 교회를 옮기도록 부추긴다. 이들은 어려운 문제에 직접 맞서 해결책을 찾는 대신 회피라는 손쉬운 방법을 선택하므로 약한 그리스도인이 되게 한다. 신자들을 어린아이로 만들어 버리는 결과를 낳게 된다.

여섯째, 전도 정신의 약화를 초래한다. 잃어버린 자를 찾아 헤매는 것이 아니라 전도의 초점을 그리스도인에게 옮기고 있다.

일곱째, 기초의 약화를 가지고 온다. 교회는 반석 위에 세워진 것이다. 그러나 갈등을 극복하지 못한 채 결국 무너지게 된다는 것이다.

교회의 사명을 망각하면 정글의 법칙이 남는다. 어느 일산에 계신 목사님이 교회 성장 세미나에서 '어떻게 하면 교회가 성장하는가?'에 대한 이야기를 하고 있었다. 자기가 개척한 교회가 성장하게 된 배경을 목회자들에게 들려주고 있었다.

그때 어느 목사님이 "그러면 전도해서 얻은 영혼들과 다른 교회에서 수평 이동하여 온 영혼들이 각각 얼마나 되는가?"를 물었는데, 다른 교회에서 이동하여 온 교인들이 80%이고 전도한 가정이 20%라고 솔직하게 대답했다. 우리는 이 이야기를 통하여 하나님의 나라 확장에 불균형을 이루고 있음을 보게 된다. 하나님의 나라는 정글이 아니다. 비전과 야망을 혼돈하면 우리 후대는 소망이 없다.

성경적 교육을 통하여 황무한 땅이 성경적인 토양으로 개간되고 참으로 성숙한 하나님 나라의 실력 있는 리더를 세워 가자.

신앙이란 무엇인가?

　사도행전 4장 1절 이하에서 베드로와 요한이 붙잡혔다는 기록은 충격적이다. 왜 충격인가? 우리의 생각과는 전혀 다른 상황이 펼쳐져 있기 때문이다.
　신학자들은 사도행전을 힘있고 감격스러운 기록이라고 말한다. 시작부터 권능을 받고 하나님이 함께하셨다고 기록되어 있다. 그래서 초대교회의 역사를 보면 엄청난 사건들이 생각지도 않게 발생하여 사람들을 놀라게 한다. 아나니아와 삽비라의 죽음, 삼천 명의 회개 사건, 그리고 감옥에서 빠져나오는 일, 앉은뱅이 사건, 등 많은 기적들이 곳곳에서 나타난다. 그리고 그런 놀라운 일들이 나타난 이후를 성경은 보여주고 있다. 우리가 일반적으로 생각하면 그런 엄청난 능력을 체험하고 나면 결국 그 신앙의 힘이 어디로 가야 할 것인가를 분명히 제시한다.
　성령의 폭발적인 힘과 능력을 받은 제자들이 가는 길목마다 회개하고 엎드러지고 놀라운 사건들이 줄이어 나타나기를 기대하고 있다. 그런데 우리의 생각을 뒤집어 놓는 전혀 다른 일이 벌어진다.
　기적과 회개도 나타나지만 환난과 죽음, 그리고 핍박도 있음을 성경은 보여주고 있다. 성령의 능력을 덧입고 하나님이 세상 끝 날까지 함께 하신다고 약속하셨으나 제자들이 잡히는 비극도 나타나고 있다.
　결국 사도행전은 성령의 능력이 우리가 원하는 것으로 찾아오지 않는다는 것을 말한다. 엄청난 능력과 힘이 점점 조직화되고 폭발적으로 나가고 있다는 것을 증거하는 것도 아니다. 열두 제자는 하나둘씩 잡혀 죽고 일곱 집사도 없어지고, 그들의 조직은 와해되고 있으며 화려한 무대에서 퇴장한다.
　이런 사실이 우리를 힘들게 하는 것이다. 결국 성령 충만한 사람들의 열정과 능력은 무대 뒤로 서서히 사라지고 바울이라는 한 사람으로 축소되고 있음을 보여주는 것이 사도행전이다.

 엄청난 성령의 능력으로 삼천 명, 오천 명이 회개하고 복음이 확산되는 와중에 한쪽에선 매 맞고 쫓겨 다니며 감옥에서 얻어터지고 결국에는 죽어 가는 것이다. 그러다가 바울이 로마로 잡혀가 옥에 갇히는 것으로 사도행전은 끝난다.

왜 성경은 이렇게 기록되어 있을까?

 '저희를 잡으매' 라는 기록만 없으면 얼마나 살판나겠는가? 무서운 것이 없는 사람들, 가는 곳마다 병자가 치유되고 죽은 자가 살아나며 사람들이 회개하는 역사만 일어났다면 이보다 더 좋을 수가 있겠는가?

 그러나 성경은 그렇지 않음을 말하고 있다. 차단하고 있는 것이다. 이 부분에서 우리는 신앙이란 무엇인가를 점검하지 않으면 안 된다. 복음을 전하더라도 제동이 걸릴 수 있다는 것이다. 초대교회에 상당수가 물에 빠져 죽었고 굶어죽기도 하였으며, 맞아도 죽었고 감옥에 갇혀서 고난도 받았다.

 무엇을 말하고 있는가? 제자들이 복음을 전하다가 잡힌 이 현장은 단순히 "잡혔구나."가 아니라 더 깊은 메시지를 주고 있다. 신앙의 감동적인 체험을 하고 엄청난 능력을 소유했다 하더라도 세상에서 우리가 어떤 대접을 받을 수 있는가를 알려주는 것이다.

 예수님을 믿고 사는 것과 안 믿고 사는 것 중에 어떤 것이 쉽고 편한 길인가? 예수님을 안 믿고 사는 쪽이 세상 살아가기는 오히려 훨씬 자유롭다. 신앙과는 별도의 삶을 살려 하니 많은 문제와 맞닥뜨려지고 힘든 일이 훨씬 많은 것이다.

 성경 본래의 뜻을 상실하지 않아야 한다. 성경에서 가르치고 있는 신앙이란 성공과 출세의 길로 나가는 것이 아니라 오히려 믿음의 바른 길을 찾아 환난을 극복하며 살아가는 당당함이다. 벧 교육은 그런 정신을 가진 실력 있는 리더를 세우는 교육을 하려는 것이다. 그래야 기복적인 토양에서 성경적인 토양으로 개간될 것이다.

보수와 자유

필립얀시가 쓴 『교회, 나의 고민, 나의 사랑』이라는 책을 읽었다. 그는 목사도 아니지만 신학적 깊이와 넓이가 대단한 사람이었다. 그 책은 이런 말로 시작한다.

'왜 교회를 붙들고 번민하는가?, 기독교인에게 교회는 진정 필요한 것인가?'

그는 그곳에서 어릴 때의 신앙생활을 추억하면서 이렇게 솔직하게 기술한다.

이제와 생각건대 내 유년시절의 남부 근본주의는 단순한 예배 장소나 영적인 공동체만은 결코 아니었다. 그것은 고도로 통제된 환경이요, 자기들만을 위한 문화였다. 이제 나는 안다. 오랫동안 내 신앙을 압살한 것은 저주의 불벼락만 외쳐대는 엄격한 교회, 겸손의 허리도 믿음의 신비도 없는 무서운 교회였다.

한 마디로 말해서 그리스도교 간판을 달고 있는 저들은 그리스도께 가는 나를 막았다. 나는 근본주의 영토에서 나올 때 위선의 껍질뿐 아니라 신앙이라는 몸통까지 내던졌다.

내가 어릴 때 다닌 남부 근본주의 교회는 보수주의라는 이름 아래 인종적 편견이 심했다. 설교단에서는 심심찮게 흑인들은 열등하고 무지하며, 애초부터 하나님께 저주받아 '노예' 민족의 운명을 타고

났다고 말하곤 했다. 내가 다니던 교회의 구성원 대부분이 마틴 루터 킹 목사를 '당원증을 소지한 공산주의자'로 믿었다. 남부의 경찰들이 곤봉으로 킹 목사를 구타하고 감옥에 가둘 때마다 그들은 환호했다. 그는 외적인 행위에 근거를 둔 종교였다는 것을 뒤늦게 알고 결국 교회를 떠나게 되었다.

지금은 흑인과 백인이 섞여 있는 러셀 교회를 그는 섬기고 있다. 이곳에서 그는 몇천만 원씩 버는 고학력의 전문직 종사자들에게든지, 일자무식의 노숙자들에게든지 복음이 동일하게 역사함과, 흑인과 백인이 한 형제로 살아감을 보고 있다고 고백한다. 복음으로 하나가 되면 백인과 흑인이 따로 없고 보수와 자유가 따로 없이 모든 것을 포용할 수 있다는 것을 알게 된 것이다.

초기 그리스도인들은 이 담을 헐었다. 율법과 인종에 가려져 있던 유대인들에게 복음은 자유의 선언이었다. 그러기에 예수님을 죽일 수밖에 없었다.

전능하신 하나님을 오직 유대인들만의 하나님으로 섬기고 수많은 사마리아인들을 그저 개처럼 취급하였기에 그들은 기구한 생명을 연장하고 있었다. 그러기에 복음은 그들에게 새롭게 다가왔다. 예수님의 복음은 이제 어느 한 사람이나 한 민족을 위한 것이 아니라 모든 사람, 모든 민족의 것이 되었다. 유대인 성전은 예배자들을 인종과 성별로 차별했지만 그리스도인들은 그들을 주님의 식탁에 다같이 불렀다.

> 하나님이 세상을 이처럼 사랑하사 독생자를 주셨으니 이는 저를 믿는 자마다 멸망치 않고 영생을 얻게 하려 하심이니라 (요한복음 3:16)

그런 세상이 예수님으로 말미암아 온 것이다. 예수님은 민족의 담을 헐었고 종교와 사상의 벽을 헐었다.

우리나라도 그와 같이 암울한 때가 있었다. 비록 흑인인가, 백인인가의 인종의 문제는 아니지만 보수냐, 자유냐의 문제를 가지고 교회는 보수가 되어야 진리를 사수하는 것이라 하여 마치 율법을 지키는 것에 생명을 걸었고, 그것을 위해 엄청난 희생을 감수했다.

어릴 때부터 가장 친한 한 친구는 연세대에서 구약학 박사 과정을 마치고 신학을 강의했다. 진보적이었던 그 친구와 보수의 극치를 달리는 나는 어느 날 신학적인 논쟁이 붙었다. 그런데 끝이 안 났다. 나는 친구에게 "그것을 신학이라고 했냐?"고 몰아부쳤고 그는 나에게 "보수는 한 마디로 무식하다."며 응수했다. 이후로 우리는 서로 신학 논쟁을 하지 않는다. 오랜 세월을 지나면서 보수 없는 진보도, 진보 없는 보수도 없다는 것을 알았기 때문이다.

벨 교육은 성경에서 가르치는 진정한 보수, 진정한 진보를 깨닫게 한다. 그것을 통해 성경에서 말하는 실력 있는 리더의 정신을 갖게 할 것이다.

연습생활

구원은 마치 소경이 눈을 뜬 것과 같다. 하나님께서 우리 눈을 뜨게 하신 것이지만 신자로서의 믿음의 크기는 자기가 쌓아 가는 것이다. 구원은 얻었지만 놓고 있으면 유치원에서 끊임없이 놀고 있는 것과도 같다.

성령님은 우리에게 분별함과 깨우침을 주시지만 우리가 마땅히 해야 할 것을 대신 해주시지 않는다. 무엇 때문에 은사를 주었는지 알지 못하면 앉아서 누리려고만 할 것이다. 간증은 하고 다니지만 받은 것을 하루하루 연습한 적은 얼마나 되었던가? 일상생활에서 온유함을 위해 얼마나 애썼는가? 인내함을 위하여 얼마나 연습하였는가?

우리는 이 대목에서 늘 헤매고 있다.

하나님께서 일하실 때 가장 중요한 원리는 '심는 대로 거둔다'는 것이다. 가만히 있는데 하늘에서 불이 떨어져 예전에 엉망이었던 친구가 성자가 되었다는 대목은 성경에 눈을 씻고 보아도 없다. 만약 그렇다면 "하나님, 왜 이 친구는 가만히 앉아서 은혜도 받고 어느 날 갑자기 성령의 강권적인 은사가 일어나서 변하기도 하는데, 왜 저는 안 변하게 하십니까? 제 성질도 좀 바꾸어 주시고 온유한 사람이 되게 해주세요."라고 할 텐데, 훈련도 없이 앉아서 도 닦다가 도인이 된 사람이 성경에는 등장하지 않는다. 오히려 은사는 충만했는데 삶은 엉망이었다는 것을 고발하기 위하여 고린도 전후서가 쓰여졌다.

어느 날 갑자기 손잡고 기도하면 노력하지 않아도 하루아침에 성자가 되고 변하게 되는 그런 은사 운동이라면 배격하여야 한다. 잘 아는 어떤 분이 자녀와 함께 기도원에 갔는데 자녀가 은혜를 받고 울며 회개하여서 어머니가 "아, 이제 우리 아들 성자로 변하겠구나." 했더니 다음날 아침 반찬 투정을 하면서 속을 썩일 대로 썩이면서 학교에 가더라는 것이 아닌가? 그런 것을 보면서 "아! 성령님께서도 우리 아들 성질은 못 바꾸시는구나."라고 생각했다고 한다.

그러나 그것은 아니다. 성령님께서 못 바꾸시는 것이 아니라 구원은 체험했지만 아직 거룩한 싸움을 하기 위한 연습이 부족했기 때문이다. 우리에게 필요한 것은 거룩한 열심과 근면, 성실 그리고 인내의 생활이다. 벨 교육은 훈련일지를 써 나가도록 교육함으로 하루하루 반복해서 연습할 수 있는 힘을 길러 진정으로 강한 사람이 되도록 한다.

조찬 기도회 바람

무엇이 옳은 것이고 무엇이 악한 것인가를 분별할 수 있는 지혜가 없으면 세상에서 빛과 소금이 된다는 것은 어려운 일이다. 얼마 전에 뉴스앤조이의 기사를 읽으면서 우리나라에서 선망의 대상이 되고 존경받는 기독교 지도자들이 어떻게 살았는가를 다시금 상고하게 되었다.

아픔의 시대에 그들은 어디에 있었는가? 암흑의 시대에 그들은 광야의 외치는 소리의 사명을 다했는가? 교회는 복음을 증거하는 곳이지 정치를 하는 곳이 아니라는 논리를 내세워 오히려 노동자와 함께 아픔을 나누는 사람들을 복음이 아닌 아주 악한 무리로 여긴 시대에 나는 살았다. 나라와 민족을 위한다는 명목으로 거짓과 타협했고 불의에 동조했던 시절이 있었다.

부정한 방법으로 나라를 잡았던 사람들의 선심공세의 대상은 주로 종교인들이었다. 부정한 것을 인정을 받으려면 종교인들의 입을 막아야 했기에 그럴 것이다.

우리나라에도 한때 조찬기도회 바람이 일어난 적이 있었다. 나는 그곳에 초청을 받아 보지는 않았지만 대통령께서 초청하면 아무 생각 없이 감격하며 갈 수도 있었을 것이다. 누구도 거부할 수 없었을 것이다. 아니면 "이것이 웬 떡이냐? 대통령이 나를 다 부르고 말이야?" 하면서 쫓아갔을 것이다.

군부에서 정권을 잡았을 당시 대통령 조찬 기도회 다니신 분들이 상당히 많았다. 종교국에서 우리나라에 영향을 끼치는 부흥사들과 교회 어르신들을 수시로 모셔서 기도회를 했었다. 정말로 웃기는 것은 대통령이 예수를 믿는 사람이 아님에도 불구하고 복을 빌었다는 것이다. 지금이야 누구나 청와대에 들어가 뜰이라도 밟을 수 있는 특권이 있고, 그 높으신 분을 특별히 만나지 않아도 괜찮은 시대가 되었지만 그 시대에는 대통령이 초청했다고 하면 그것만으로도 보이지 않는 권력이 되었다.

문익환 목사님 같은 분을 용공으로 몰아세우는 슬픈 시대를 우리는 살았다. 눈멀고 귀가 먼 시대를 우리는 한때 살았던 것이다. 잘 나가신다는 분들의 정신과 삶이 오히려 정권을 잡은 자들의 시녀 역할을 충실히 감당했다.

성철 스님의 일화를 듣고 감동을 받은 적이 있다. 전 대통령이 만나자고 했으나 삼천배를 하면 만나 주겠다고 했다고 한다. 그래서 겁이 나서 못 만났다는 것이다. 성철 스님은 최소한 자신을 만나려면 기본을 닦고 만날 생각을 하라고 한 것이다. 그러니까 권좌에서 물러난 전두환 씨가 어려운 일을 당했을 때 택한 곳은 교회가 아닌 백담사였다. 하긴 눈을 감고 하나님을 생각하는 것이 아니라 "어떻게든 좋다. 정권만 유지할 수 있도록 기도만 해달라."는 식이었을 테니 그 기도회 자체가 우스웠을 것이다. 하나님이 기뻐하시지 않는 기도회가 있겠다는 씁쓸한 생각이 든다.

갈 데, 안 갈 데 다 가다가 절단 나고 기독교의 정신을 흐릿하게 만드는 일에 선구자가 되어서는 안 된다. 우리 주변에 힘깨나 쓰시는 분들을 위해서 기도한다고 조찬 먹다가 진짜 절단 난 사람들도 많이 있다. 무엇이 옳고 그름인지 알지 못하고 갈 데 안 갈 데 막 가서 기도하면 실상 어려움에 임하였을 때 교회라는 울타리를 벗어나 백담사로 뛸 사람이 많다는 것을 기억하여야 한다. 조찬 기도회가 진짜 조찬으로 끝나지 않도록 이 시대를 바르게 볼 수 있는 성경적 세계관을 가진 기도가 필요하다.

어두운 시대에 우리는 조찬기도회에서 조찬을 먹고 아무 말이 없었던 슬픈 날을 보냈다. 벧 교육은 이 시대를 바르게 분별하고 살 수 있는 리더로 세워 가는 교육이다. 참과 거짓을 분별할 수 있는 진정한 지혜를 가르치고자 한다.

찬란하게 빛나는 화려한 성전

지금 우리가 있는 현장에서 성전은 존재하는가? 하나님과의 관계가 엉망인 사람은 어디에서 예배하고 있는가?

얼마 전에 찬란하게 빛나는 성전을 보았다. 그 성전은 한 병실에 지어져 있었다.

한 여인의 병실에 들렀다. 58년의 그렇게 길지 않은 인생을 산 여인이었다. 폐암이라는 선고를 받고 항암치료를 받고 있는 중이었다. 머리카락은 다 빠지고 고왔던 얼굴은 그동안의 고통으로 많이 야위었으나 내면의 평화를 읽을 수 있었다.

그러나 한때는 "열심히 산 죄밖에 없는데 왜 나에게 이런 일이 일어났는가?"라는 회의도 들었다고 한다. 그리고 아직 대학교에 다니는 막내아들이 몹시도 걸렸다 "내가 이대로 죽음을 맞는다면 어린것들은 어떻게 사나?" 하는 염려가 그를 힘들게 했다고 한다. 그러나 자신의 생명을 주님께 맡기고 모든 것을 포기했을 때 그는 지금의 자유를 체험할 수 있었노라고 고백했다.

자녀의 앞날에 대한 염려, 병원비 등 모두가 한결같은 걱정거리이지만 모든 것을 주님께 맡기자 하늘로부터 새로운 자유를 얻은 것이다. 그에게 주신 하나님의 보장, 그것은 평화요 감사며, 부활의 확신이었다. 비록 육신의 장막은 서서히 꺼져가고 있었지만 그 안에 영으로 자리잡고 계신 하나님의 성전은 깨끗하고 거룩했다. 그는 하나님의 영으로 충만해 있었으며 얼마 후 그 빛나는 영혼은 영원한 하늘나라로 부름을 받았다.

그녀는 "진리를 알지니 진리가 너희를 자유케 하리라"라는 말씀을 실제로 체험한 것이다. 찬란하게 빛나는 화려한 성전은 교회라는 건물이 아니다. 예수님의 십자가 사건으로 우리 안에 오늘도 지어져 가고 있는 것이다. 바울은 이렇게 말한다.

> 너희가 하나님의 성전인 것과 하나님의 성령이 너희 안에 거하시는 것을 알지 못하느뇨 누구든지 하나님의 성전을 더럽히면 하나님이 그 사람을 멸하시리라 하나님의 성전은 거룩하니 너희도 그러하리라 (고린도전서 3:16 ~ 17)

드디어 명품시계를 장만하다.

몇십 년 만에 홈쇼핑을 통하여 시계다운 시계를 하나 샀다. 선전하시는 분들이 얼마나 말을 잘하는지 그만 이끌리게 되었다. 그 사람들이 명품이라고 하니까 명품인지 알지 어떻게 확인하겠는가? 30만 개 기념 세일을 하는 이태리제 루치아노라고 한다. 명성도 있다. 그 시계에는 천연 다이아가 박혀 있었다.

그런데 시계 값이 문제이다. 겨우 4만원이다. 가짜인가? 아니다. 진짜다. 천연다이아 보증서가 왔는데 크기는 0.001짜리였다. 그럼에도 불구하고 보증서가 온 것이다. 왜냐하면 진짜 천연 다이아가 분명히 끼여 있었기 때문이다. 진짜 행세를 하면 "저 시계 금테만 봐도 비싸겠구나." 하고 봐줄 수는 있다. 그러나 일부러 "이 시계 4만원 주고 홈쇼핑에서 샀습니다." 하고 말할 필요는 없다.

싸게 샀어도 비싸게 보는 것은 문제가 안 되지만 싼 것을 가지고 천연다이아가 끼여 있는 진짜라고 동네방네 설치고 다니면 곤란하다. 우리는 이런 위험에 항상 노출되어 있음을 알아야 한다. 남이 "저 사람 황금시계 찼구나, 명품이겠구나."라고 아무 말 안 해도 착각할 수 있게 하는 것은 죄가 아니지만 4만 원짜리를 가지고 "명품이며 진짜 다이아가 끼어 있다."고 비싼 값에 팔려고 이집 저집 기웃거리는 것은 위험하다는 것이다.

가짜 같은 명품에 속지 않아야 한다. 벨 교육은 진짜와 가짜를 구분할 수 있는 리더의 자질을 갖추게 하는 교육이다.

섭리의 신앙에 실패란 없다.

다윗 왕은 시인이자 운동선수였고, 목자였으며, 역전의 용사이자 가수이며 음악가였다. 그는 열정의 왕이었다. 다윗에 관한 이야기 하나가 특별히 호기심을 자극한다.

그가 최악의 상황이었을 때 시므이(사울의 친척)가 다윗을 저주하면서 그를 향하여 돌팔매질을 하였다. 다윗의 충성스런 부하들은 화가 나서 즉시 시므이의 목을 자르자고 했으나, 다윗은 "야훼께서 나를 욕하라고 저 사람을 보내신 것이라면 내가 어찌 감히 왜 이러시느냐고 하겠소?"(사무엘하 16:10)라고 말했다. 참으로 놀라운 반응이다. 왜냐하면 시편을 보면 다윗은 때때로 맹렬한 복수의 욕망을 표현했기 때문이다. 그러나 이 사건에서는 그렇게 반응하지 않았다.

그는 또한 사울 왕을 죽일 수 있는 세 번의 기회를 거절했다. 그는 사울 왕이 비록 이성을 잃고 명백하게 자신을 죽이려고 했을지라도 사울 왕을 '하나님께서 기름 부은 자'로 불렀다. 다윗은 자신의 생명을 호시탐탐 노리는 자를 쉽게 제거할 수 있는 기회를 가졌을 때도 "아니다. 그는 하나님께서 보낸 자다."고 말했다.

빌라도가 예수님을 투옥시킬 때 예수님은 "네가 하늘에서 권한을 받지 않았다면 나를 어떻게도 할 수 없을 것이다."(요한복음 19:10~11) 라고 말씀하셨다.

예수님은 병사들과 그들의 심문까지도 하나님께서 세우신 계획의 일부로 보셨다. 다윗과 예수님은 정신적으로 불의(不義)한 사건조차도 보다 크고 사랑스러운 계획의 일부분으로 수용하고 통합할 수 있었다. 다윗은 모욕을 참을 수 있었으며, 예수님은 침묵을 지키셨다.

나머지는 보다 더 크고 높은 분께 있었다. 예수님은 사랑이 계획의 통제 안에 있다는 것을 알고 계셨다. 바울은 로마서 8장 28절에서 "하나님을 사랑하는 사람들, 곧 하나님의 계획에 따라 부르심을 받은 사람들에게는 모든 일이 서로 작용해서 좋은 결과를 이룬다는 것을 우리는 압니다."라고 말했다.

시편 139편에서 다윗은 "형상이 생기기 전부터 당신 눈은 보고 계셨으며… 나의 나날은 그 단 하루가 시작하기도 전에 하루하루가 기록되고 정해졌습니다."라고 말했다. 그러기에 벧 교육에서 말하는 섭리의 신앙을 가지고 보면 하나님 입장에서 생각하는 힘을 갖게 된다. 일이 뒤틀려 가는 것처럼 보일 때 스스로 노래를 부르게 한다. 섭리의 눈을 가졌기 때문이다. 바울과 실라가 옥중에 갇혀서도 찬송할 수 있었던 그 힘은 옥문을 열었다. 때때로 감옥 같은 암담한 상황 속에서도 하나님의 섭리를 기억하여 노래할 수 있는 자리가 성경적 토양의 자리이다.

"왜 나를 이렇게 만드셨나요?"라고 따지고 드는 자가 아니라 조용히 하나님의 섭리를 침묵 가운데 바라보는 능력이 벧의 힘이다. 벧에서 말하는 삶의 자리는 성공도 실패도 없다. 실패란 존재하지 않는다. 벧은 실패를 두려워하지 않으며 합력하여 선을 이루어 가는 하나님의 손길을 느끼는 사람들이다. 그 힘을 가진 자가 진정 실력 있는 리더의 길을 간다.

수심에 찬 여인과 만나다

2002년 3월 9일 토요일 오후 1시 30분, 필리핀에서 비행기 탑승에 관한 모든 수속을 마치고 이미 자리에 앉은 지 30여 분이 지나도록 비행기가 이륙할 기미조차 보이지 않았다. 에어컨도 안 나오는 곳에서 한참이나 앉아 있는데 비행기 엔진부분에 결함이 있어서 비행기를 교체하겠다는 기내방송 안내 멘트가 나왔다. 모두들 불평과 불만이 대단했지만 섭리의 시각으로 보는 벧의 사람으로서는 어떤 새로운 기대감이 있었다.

비행기 탑승자 대기실에서 내가 앉아 있었던 곳은 수심에 가득 찬 한 여인의 곁이었다. 너무나 분위기가 무거워서 말도 못 붙이고 있는데, 옆의 필리핀 자매들과 이야기를 하는 중에 내가 목사라는 것을 그 여인이 알아버렸다. 여인은 한참이나 지나서 내게 먼저 말을 걸어 왔다.

"목사님이신가 봐요?"

그 말 속에는 청바지에 청조끼를 입은, 전혀 목사의 티가 나지 않는 한 젊은이가 목사란 것이 믿어지지 않는다는 듯한 인상이었다. 그래서 예수님이 수가성에서 만난 한 여인과의 대화처럼 이야기는 자연스럽게 진행되었다.

그녀는 굉장히 부지런하게 살았던 여인이었다. 일주일 전에 필리핀에 홀로 왔다고 말하는 그녀에게서 기쁨이라고는 전혀 찾아 볼 수 없었다. 무엇 때문에 한 중년부인이 이곳에서 홀로 일주일이 되도록 있었단 말인가? 궁금함이 더했지만 물어 볼 수는 없었다. 그래서 "힘들고 어려울 때는 이런 여행도 우리의 삶에 힘이 되곤 하지요."라고 말을 건넸다. 그 여인은 무엇인가 말을 할 듯 말 듯하면서도 하지 않았다. 자신의 정체를 숨기려고 하던 그녀는 이야기가 한참이나 진행되었을 때야 비로소 "저 사실은 사모예요."라고 고백하였다.

그녀는 교회 일만 한다고 지금까지 쫓아다니다가 자녀들을 돌보지 못했다고 한다. 자녀들은 공부시킨다고 영국으로 유학을 보냈는데 너무 멀어서 좀 가까운 필리핀에서 공부시키려고 학교 문제를 알아보려고 온 것이다.

자녀들의 문제, 그러나 그보다 더 깊은 상처는 헤어 나올 수 없는 깊은 좌절과 회의감, 그리고 허무라는 것이었다. 이제 그녀에게 믿음은 빛을 잃어가고 있었다. 하루 종일 교회와 기도와 심방으로 자신의 모든 것을 투자해서 다녔던 결과는 지금에 와서 허무였다고 했다. 믿었던 사람들에 대한 실망감이 가득 차 있었으며 누구도 믿지 않을 것 같은 분위기였다.

하나님은 그녀에게 벨에 대한 이야기를 하게 했다. 이웃에 대한 소중함과 함께 "내가 행복해야 하나님도 행복하시다."는 간증을 할 수 있게 했다. 어렵고 힘든 상황을 인간적인 시각이 아닌 섭리의 시각으로 보면 하나님 여전히 우리를 온전케 하시려는 시간이었음을 함께 나누었다. 대화를 통하여 그는 다시 얼굴에 기쁨을 찾을 수 있었다. 작지만 행복하게 살아가는 내 모습에서 그는 희망을 보았던 것이다.

그녀가 기쁨의 얼굴을 다시 찾았을 때 다시 안내 멘트가 나왔다.
"탑승객 여러분! 이제 다시 비행기에 탑승해 주시기 바랍니다."
그 비행기에 문제가 생긴 이유를 아무도 몰랐지만 나는 안다. 수심에 찬 한 여인을 위해서 비행기는 두 시간 동안 공항에 머물러 있었다고 말이다.

벨은 모든 삶의 현장을 우연으로 보지 않기에 어떤 상황에서도 하나님의 음성을 기대하도록 한다. 그것이야말로 이 시대에 진정한 리더로서 세워질 수 있는 가장 큰 힘이다.

세계 최대의 교회 건축

　창조신앙의 회복은 결국 섭리적 신앙관을 갖는다는 것이며 그것은 곧 성경적 세계관을 바르게 가지는 것이다. 그러나 신학교에 다닐 때 무엇이 성경적인 세계관인지에 대해서는 듣지도 배우지도 못했다. 설교학, 교회 성장학 등 교회를 성장시키는 이론과 기술은 익혔지만 실제로 무엇이 성경적 세계관이며 창조신앙을 회복하는 것인가에 대하여 구체적인 언급은 없었다. 물론 성경적 세계관을 이론적으로 배우지는 않았어도 우리가 깊이 간직하고 있는 기복적인 토양에 성령의 은사를 경험하게 되니까 열정이 넘쳐나 기도와 말씀과 전도하는 일에 대부분 시간을 할애하게 되었다. 나도 모르는 사이에 세상적인 가치관에 성경적인 가치관이 혼합되어 여러 가지 웃지 못할 일들이 생기곤 하였다.

　지금도 잊혀지지 않는 재미있는 일이 있다. 천막교회에서 세계 최대의 교회로 건축한 여의도순복음교회의 조용기 목사님이 한동안 교회 성장을 위한 꿈을 갖도록 간증을 많이 하셨다. 그때 그곳에서 말씀을 들었던 한 신학생이 기도원에서 기도를 하다가 큰 은혜를 받게 되었다. 그래서 이 친구는 세계 최대의 교회를 건축할 수 있도록 기도하게 되었다. "하나님이 주실 것을 믿는다."고 기도하는 바람에 아니라고 하는 사람은 모두 바보가 되는 듯했다.
　그 친구는 방언도 하고, "믿습니다. 아멘."은 남이 하기 전에 먼저 했다. 가끔 침을 많이 튀기면서 앞뒤 안 가리는 헛갈린 기도가 있어서 그렇지 그런 대로 동기들보다는 훨씬 뜨거운 은혜파였다. 결국 그 친구는 하나님이 세계 최대의 교회를 허락하실 것을 확신한다고, 응답 받았다고 난리를 피웠다. 조 목사님보다 조금 더 큰 교회를 지을 수 있도록 미친 듯이 기도하는 바람에 그 친구를 말리느라고 애를 많이 먹었다. 그러나 그 친구는 지금까지 빈 손 들고 있다.

자기 착각과 환상에 빠져 헤맸던 그 흐름이 오늘 우리의 아픔이다. 안타까운 것은 그 비슷한 분들, 닮은꼴이 우리나라에서 둘째 가라면 서러운 분들 중에 많이 있다는 사실이다. 우리는 그 목회자들에게 은혜를 받으며 살았다.

매년 여름마다 어김없이 수천 명씩 모여드는 모 기도원 윤 모 목사의 말 중에 자신은 "여의도 순복음교회보다 크게 예배당을 짓는 꿈을 갖고 있다."는 것을 듣고 그곳에 참석하였던 목회자가 "세계 최대의 예배당을 짓는 것이 꿈이라고 한다면 그렇게 오래 기도하고 열정을 갖는다는 것을 생각해 볼 일이다."며 하산하였다고 한다.

그 집회에 갔다 오신 어느 사모님은 은혜를 얼마나 받았는지 남편 목사님에게, 어떻게 테니스 치고 배드민턴 치고 할 시간이 있느냐, 그런 시간이 있으면 무릎 꿇고 기도하여야 한다고 난리를 치는 바람에 그 날부터 목사님은 체력 단련시간을 기도실로 옮겨야 했다고 한다. 그 결과 체력이 떨어져 교회 건축도 못 하시고 아주 영원히 가셨다는 것 아닌가? 목회자들의 수준이 예배당 큰 것만 자랑하는 수준이 되면 어떻게 되겠는가?

"200평의 주차장을 갖고 수천 평의 건물을 지은 우리교회로 오세요."

주차장이 200평 있는 것하고 수천 평의 자기 건물을 가지고 있는 것이 뭐가 그리 대단한가? 그러면 그렇게 짓지 못한 교회는 얼마나 부끄러워야 하는가? 궁궐에서 많은 양 떼에 만족하는 것보다 궁궐 밖 양 한 마리를 가지고 행복을 삼고 있는 목회자를 생각해 주어야 한다.

교회 예배당도 크고 성도들은 많은데 우리가 왜 큰마음을 갖지 못하는지 모르겠다. 수천 명이 되면 관리하기도 힘들 텐데 이쯤 되면 "나는 되었으니 당신이 나누어서 제 2교회를 한번 해봐요. 나보다 능력이 있는 것 같은데 교회에서도 제일 훌륭한 장로님, 집사님들과 함께 새로운 시대를 열어가 보세요. 젊은 목사님 잘 받들어서 멋있는 교회 한 번 만들어 보세요." 하고 말할 수 있다면 참으로 멋있는 마음이 아닌가? 정치인들을 욕할 필요도 없다. 한 번 감투를 쓰면 벗지 않으려고 한다. 자기가 아니면 개혁이 안 되는 줄 안다. 아래 사람들이 "각하, 각하! 하야하시면 누가 이 땅을 지키고, 새롭게 하겠나이까?" 그러니까 박 대통령도 어쩔 수 없이 그냥 쓰고 있었던 것이다. 참 안타깝다.

"나는 너무 오래 쓰고 있었으니 당신도 한번 써보세요. 내 머리에도 맞지만 당신 머리에는 더 잘 맞을 것 같아요."

너무 멋지고 여유 있는 마음이다.

한국 교회가 기복적이고 출세 지향적인 독특한 토양으로 굳어진 이유는 교회 성장이라는 울타리에서 세계 최대의 교회를 세우고자 목표를 삼는 부흥사들의 영향이 크다고 본다. 세계 최대 교회 건축의 꿈을 자랑으로 삼는 목회자들을 보면 황당한 친구의 모습이 떠오른다. 벨 교육은 세상의 가치와 하나님의 가치를 분별할 수 있는 힘을 갖도록 한다.

복음을 추하게 만드는 사람들

삶 속에서 구체적으로 하나님과 동행하지 않으면 우리는 결코 성숙의 자리로 가지 못한다. 그러면 은혜의 능력을 가지고 이 땅을 변화시키려는 것보다는 자기의 힘을 나타내는 데 쓰려고 하고, 자기의 영광을 드러내는 데 쓰려고 하는 위험에 도달하게 된다.

아파트를 분양하는 곳에 차를 돌리려고 들어갔다가 교회의 천막을 보고 놀란 적이 있다. 그 좁은 길목에 겹겹이 천막을 치고 "무엇을 도와 드릴까요?"라고 써 붙이고 24시간 심부름센터로 교회가 전락되어 버린 것이다. 마치 전쟁터를 방불케 했다.

도와주려고 천막을 친 것이 나쁜 것이 아니라 "다른 교회라도 다니세요." 하고 양보할 수는 없을까? 믿음의 형제자매들이 서로 나누어서 사랑을 보이면 얼마나 아름다울까? 교회텐트 위에는 빨간 글씨로 "무엇을 도와 드릴까요?"라고 써 있지만 씁쓸한 생각을 지울 수 없었다. 교회 경쟁시대에 돌입된 것 같다. 이쪽저쪽 서로 맞대고 친 교회 텐트촌들을 보면서 슬프고 초라한 생각까지 들었다.

"저쪽은 빨간 텐트 쳤냐? 그럼 우리는 더 잘 보이는 파란 텐트를 치든지 형광색 텐트를 쳐라."

"저쪽은 후문 쪽에 쳤냐? 그러면 우리는 돈을 더 많이 주어서라도 정문 가까운 곳에 쳐라."

하나님의 나라 확장을 위하여 멋있는 양보의 정신, 사랑의 마음으로 나가는 것이 아니라 우리의 열정을 그렇게 엉뚱하게 소비하고 있으니 답답할 때가 많다. 그러니 믿음에 거부감을 가진 세상의 친구들이 우리를 놀리고 있는 것이다. 그런 것이 믿음의 열정이고 성령 충만이라거나 하나님을 사랑하는 증거라 생각하고 있다. 사실 그렇게 가르치는 사람은 없지만 "방법은 어떻든 좋다. 사람만 데리고 오면 그것이 은혜고 능력이다."라고 추하게 비쳐지는 것이다.

복음을 추하게 만드는 우리의 자화상을 들여다보자. 이런 정신을 가지고 있기에 우리는 성경적인 삶을 현장에서 실제적으로 실천하지 못하는 것이다. 그러기에 교회가 자신도 모르게 비 복음적인 토양으로 서서히 굳어져 가고 있는 것이다.

장기 투숙환자 수용소

　지금 한국 교회는 희한한 종합병원과도 같다. 환자를 치료해서 가정으로 돌려보내야 한다는 본래의 사명을 망각하고 오히려 장기 투숙환자를 양성하는 것 같은 생각이 든다. 가정에서는 정상적인 치료를 받지 못한다는 이유로 병원에만 남아서 살기를 바라는 원장들의 의식 때문이다. 그래서 한국의 환자들은 지금 병원에만 가득 차 있고 퇴원하게 되면 환자처럼 살아간다. 늘 얻어터지고 좌절하고 낙심하는 현장이 반복된다.

　물론 사망의 자리에 있었던 환자들이 고침 받으려면 얼마간은 병원에서 부지런히 치료받는 것이 필요하다. 그러나 환자들이 병원에 와서 치료받고는 세상으로 돌아가지 못하는 세상이 되었다. 그 결과 세상을 이길 수 있는 힘을 가져야 할 사람이 오히려 세상의 것을 무조건 악한 것이라고 거부하여 세상을 이기는 면역력을 떨어뜨리게 된다. 그래서 저절로 늘어난 환자들이 장기 투숙환자들이며 만성 환자들이다. 병원에 있어야 안 아픈 것 같고 병원 문을 나서면 아픈 것 같아 신경성 질병에 헉헉대는 사람들이 많다.

　그렇게 환자를 병원에 장기 투숙시키는 이면에는 의사들이 전문의라는 명분을 내세워 개인병원을 확장하려는 보이지 않는 욕심이 있기 때문이다. 다른 곳은 수술을 받다가 죽을 수도 있다며 자기 병원만이 우월하다고 홍보하는 사람들, 환자의 건강보다는 전혀 다른 것을 가지고 마음을 살리는 병원들이 지금 주변에 많이 있다.

　병원 주차장이 몇 평이고 병원 건물이 몇 평이며 교통이 편리한 곳에 위치하고 있다는 등, 건강에 관계없는 것을 가지고 선전하는 병원은 대부분 장기 투숙환자를 모시려고 하는 위험한 곳일 수 있다. 오랜 훈련을 통한 자활을 돕기보다는 순간의 고통을 멎게 하는 진통제를 많이 사용한다는 것이다. 이적이나 기적의 힘을 빌려 그 자리에서 머물게 한다.

한동안 한국 교회는 자기들만의 세상을 구축하려고 했다. 그 많은 재정을 한때 공동묘지를 사거나 기도원을 짓는 곳에 사용했다. 계속적인 장기 투숙환자를 양육해 보고자 하는 뜨거움을 가지고 있는 것이다. 물론 그곳에서 치유 받고 새로운 활력을 찾는 환자들은 많으리라 본다.

그러나 더 중요한 의사의 임무는 환자를 병원에서 속히 퇴원시켜 자생할 수 있는 힘을 갖게 하는 것이다. 병원에 오면 의사의 말만 들어도 치료받은 것 같고 의사 곁을 떠나면 또 다시 진통이 시작되는 토양에서는 후대를 건강하게 세울 수 없다.

하나님은 우리를 세상의 빛으로 부르셨지 교회의 빛으로 부르지 않았다. 벧은 한 주간을 삶에서 건강하게 살아가는 사람들이다. 우리는 환자가 아니다.

비전보다 더 소중한 것

비전은 우리를 미래로 이끌어 주는 안내자이다. 우리들의 비전은 너무나 소중하여 포기할 수 없는 것이다. 그래서 우리는 그것을 이루기 위해 구체적인 목표를 세우고 종이에 기록한다.

그런데 어떤 직위에 오르거나 무엇을 소유하기 위해서는 그에 합당한 인품이 필요하다. 인품은 비전이나 목표를 담는 그릇과도 같은 것이다. 그릇이 너무 작거나 불결하거나, 또는 구멍이 나 있으면 거기에 담긴 비전은 어떻게 되겠는가?

따라서 비전을 성취하고자 하는 사람은 이에 걸맞는 인품을 개발하기 위해 노력해야 한다. 군대의 지휘관이 되고자 하는 사람은 먼저 희생정신과 용기를 기르기 위한 목표를 세워야 하고, 백만장자가 되고 싶은 사람은 검소한 정신과 겸손한 마음씨를 기르는 목표부터 세워야 한다. 그런데 무엇을 갖기 위해 목표를 세우는 사람은 흔하지만, 마음씨나 사람됨을 기르기 위해 목표를 세우는 사람은 많지 않은 것 같다. 그러나 반드시 알아두어야 할 것은 무엇을 소유하겠다는 외형적인 목표보다 자신에게 부족한 인품과 덕성을 계발하는 내면적인 목표를 먼저 세워야만 한다는 것이다. 내면적인 성숙과 고상한 인품의 필요성을 절실히 느끼고 그것을 위해 노력하는 것은 성공적인 사람이 되기 위한 필수적인 요소이다.

  인품은 습관의 퇴적물이라는 말이 있다. 먼저 습관을 바꾸면 습관은 인품을 고쳐주는 것이다. 그리고 인품이 하나님이 쓰시기에 합당한 그릇으로 만들어 주는 데 결정적인 역할을 한다. 교도소에 가 보면 무엇을 갖기 위한 목표만을 세우고 그에 따른 인품의 성숙을 위한 목표는 생각지도 않은 사람들로 가득 차 있다.

  '이웃과 더불어 살겠다'는 것이 무형의 목표라면, '이번 주말까지 고아원에 가서 봉사하겠다.'는 것은 유형의 목표이다. 무형의 목표는 유형의 목표라는 씨앗이 자라고 열매 맺게 하는 터전이다. 즉, 유형의 목표가 곡식이라면 무형의 목표는 땅인 것이다.

  무형의 목표는 눈에 보이지도 않고 손에 잡히지도 않고 아무런 냄새도 나지 않는다. 그렇지만 무형의 목표는 유형의 목표를 더욱 뚜렷하게 만들어 주고, 그것이 앞으로 나아가게 한다. 그렇기 때문에 목표를 달성하기 위해서는 반드시 인품계발에 대한 목표가 있어야 한다. 유형의 목표와 무형의 목표가 조화를 이룰 때 소중한 꿈과 비전을 현실로 이룰 수 있게 된다.

  한국인은 확실히 자신감에 가득 차 있다. 하지만 자신감이 지나쳐 '하면 된다'라는 선의가 한탕주의로 변질되어 가고, 부와 권력을 최상의 가치로 여겨 그것을 얻는 데 마음이 조급해져 있다. 그래서 참을성이 없는지도 모른다. 무엇이든지 힘으로 빨리 얻으려 한다. 그리고 성공 지향적이 되어 내면에 나타나는 모든 기본적인 삶의 인품을 삼키고 있는지도 모른다.

 벨 교육은 비전만 갖고 그 비전을 이루기 위한 그릇을 준비하지 않으면 위험한 비전이 될 수 있다고 가르친다. 비전은 우리에게 상당히 중요하다. 그러나 그 비전보다 더 귀한 것은 그 비전을 담을 만한 그릇이 준비되었느냐는 것이다.
 은혜를 많이 받았다고 해도 그릇은 여전히 준비되지 않은 사람이 있다. 이적은 베풀더라도 인품이 준비되지 않으면 라스베가스의 도박판에서 교회 건축 헌금을 하겠다고 앉아 있는 이 아무개 목사의 모습으로 갈 수밖에 없다.
 비전이 외면적인 것이라면 인품은 내면적인 것이라 할 수 있다. 벨 교육은 외면적인 것보다 내면적인 것을 더 아름답게 만들어 가려고 교육을 한다. 비전을 크게 갖는 것도 중요하지만 그 비전을 담을 만한 그릇으로 만들어지도록 우리 후대들을 전면적으로 교육하는 현장이다. 지금 우리에게 가장 귀하고 급한 것은 비전을 담을 만한 그릇을 만드는 작업이다. 벨 교육은 쓸 만한 그릇을 만들어 내려는 토기장이의 마음이다.

기적의 의미를 제대로 읽지 못하면

 우리가 비전을 담을 수 없는 그릇이 된다면 기적의 의미를 제대로 읽을 수 없게 된다. 성경에서 기적을 논할 때 우리는 상당히 잘못된 시각으로 바라본다. 출애굽 사건을 대하는 우리의 시각은 대개 홍해가 갈라진 것에 큰 의미를 두고 있다.
 "아니! 어떻게 바다가 갈라져? 그래 그 바다가 갈라질 때 어떤 현상이 일어났어? 물보라가 어떻게 쳤어? 오른쪽에서부터 갈라졌어,

아니면 왼쪽으로부터 갈라졌어? 물기둥이 섰다고 하는데 물기둥이 어떻게 서 있었어? 그리고 건널 때 바닥은 진흙이었어? 그곳에 물고기는 죽어 있었남? 조개는 못 보았어?"

우리의 시각은 이렇게 고정되어 있다. 그 구원의 역사에 초점이 있는 것이 아니라 홍해가 갈라진 자체에 고정되어 있기 때문에 심각한 것이다. 그리고 그것은 엉뚱한 자랑으로 쉽게 나간다.

"그때 애굽인들은 몽땅 죽었어! 기가 막혔지. 뒤에서 막 쫓아오는데 내가 다 건너 올 때 아슬아슬하게 잡힐 듯하니까 하나님이 홍해를 다시 흐르게 했지! 그래서 나를 쫓아오던 나쁜 놈들은 다 죽었어!"

그것을 간증하는 의미는 또 다른 곳에 있다.

"내가 이런 사람이야! 나를 함부로 건드리지 마! 너희도 죽을 수 있어!"

왜 이런 방향으로 갔는지 모르겠다. 우리는 기적의 힘을 그런 곳에 다 쓰고 있다.

잘 아는 목사님의 이야기를 그 교회 안수 집사님으로부터 들은 적이 있다. 자기 교회 목사님은 기도만 하시는 분이라는 것이다. 그래서 교회 옆에 기도실을 만들어 놓고 자나깨나 하나님과 깊은 교제를 하고 계신다는 것이다. 기도를 많이 하시기에 신령하다는 생각을 가진 성도들은 그 앞에 오면 굴복하게 되어 있다고 한다. 그러나 참으로 안타까운 것은 신령한 목사라는 인식 때문에 그 기도의 힘을 빌어 "너희들 나한테 까불지 마! 나는 기도하는 사람이야!"라며 자기의 왕국을 건설하려 한다는 것이다.

때때로 그 기도의 힘이 이런 곳으로 쓰이고 있다. 기도 많이 하신다는 신령한 분이 예배당을 대형으로 짓고 채우기 위해서 갖은 방법을 다 동원하는 총동원주일을 한 것이다. 그때 교회에 진풍경이 벌어졌다고 한다. 경품을 내걸고 총동원 주일을 한 것이다. 1등은 얼마이고 2등은 얼마라는 경품 대잔치를 보너스 상품으로 낸 것이다. 성도들은 아무 생각 없이 목사의 말을 따르는 것이 충성이고 하나님의 일이라고 생각하는 수준이니까 빚을 내어서라도 전도를 해야 되겠다는 열심을 가지고 있었다.

그날 어떤 안수 집사는 1,200만원의 빚을 내어 군에 있는 사람들을 다 동원하여 1,200명을 교회에 출석시켰다고 한다. 그래도 1등을 못한 것이다. 1,300명을 데리고 온 사람이 있었기 때문이다.

하나님이 굉장히 기뻐하실 거라고 생각하는가? 물론 자신이 데리고 온 장병들이 가득 차서 그 기도 많이 하시는 분의 메시지를 듣고 있을 때 감동이 있으리라 본다. 그러나 분명한 것이 있다. 자신의 감동과 '하나님이 참으로 이 일을 기뻐하시는가?'는 별개라는 것이다.

지금 한국의 토양이 무조건 많이만 하면 된다는 잘못된 생각으로 엉뚱한 욕심을 채우고 있지는 않은지 정확히 분별할 수 있는 지혜가 있어야 한다. 그 기도의 힘이 이렇게 엉뚱한 곳으로 사용되기에 하나님의 나라가 황폐해지는 것이다. 우리는 지금 무엇이 은혜인지, 무엇이 기적인지를 제대로 파악하지 못하고 있다. 그러기에 자기 교회와 교파의 벽을 넘지 못하고 그 벽에 가리워서 힘들게 살아가고 있는 것이다.

우리가 성경적인 토양으로 변하지 않는 이유는 기적의 의미를 제대로 읽지 못하기 때문이다. 죽었다가 살아난 사람이 우리 곁에 있다면 어떻게 되겠는가? 난리가 났을 것이다. 그 죽었던 사람이 지금 어느 교회에 등록을 할까 찾고 있다면 한국에 있는 교회들은 정신을 못차리고 자기 교회로 데리고 오려고 싸움판을 벌였을 것이다. 우리가 갖고 있는 열심 같으면 리무진에 100평 맨션도 제공할 테니 오라고 경쟁이 붙었을지도 모른다. 죽었다가 살아난 사람을 보기 위해 자연히 많은 사람들이 교회로 몰려들 것을 알기 때문이다. 물론 과장이고 일부이겠지만 말이다.

지금 우리나라에는 극동방송과 기독교방송, 기독교 텔레비전 등의 기독방송 매체가 있다. 그러나 중요한 골드 타임은 개척교회가 잡고 있는 것이 아니다. 개척교회는 꿈도 꿀 수가 없다. 골드 타임은 "돈은 얼마든지 줄 테니 좋은 시간대로 배정하여 달라."고 부탁하는 사람이 있다는 이야기를 방송국 PD에게 들은 적이 있다. 그 분들이야 있는 것이라곤 돈밖에 없으니 자기의 교회와 이름을 나타낼 수만 있다면 어떤 경쟁도 마다않는 것이다.

벨은 기적의 의미를 제대로 볼 수 있는 사람, 즉 바른 성경적인 시각을 갖게 하는 교육이다. 그래야 기적을 통해서 장난하는 신앙이 아니라, 삶 가운데서 날마다 주시는 만나로 인하여 범사에 감사할 수 있는 성숙하고 실력 있는 리더가 세워지는 것이다.

평범한 사람들의 이야기

예수님이 십자가에 돌아가신 후 제자들은 다시 고기 잡는 어부의 자리로 돌아갔다.

> 시몬 베드로가 나는 물고기 잡으러 가노라 하매 저희가 우리도 함께 가겠다 하고 나가서 배에 올랐으나 이 밤에 아무것도 잡지 못하였더니 (요한복음 21:3)

이제 그들은 평범한 삶의 자리로 돌아간 것이다. "아! 그들도 별 수 없는 인간이었구나."를 생각하면 이 대목이 은혜가 된다. 어떻게 이 평범한 사람들이 하나님의 사람으로 위대하게 쓰임 받을 수 있을까에 대한 해답이 그곳에 있기 때문이다. 그 평범한 사람들의 행동, 그것은 그들이 믿음이 없다거나 주님을 배반했기 때문에 어부로 돌아갔다고 말하는 것이 아니다. 조금 다른 접근을 한 번 시도해 보는 것이 유익할 것이다.

한 시험문제에서 그들은 모두 낙제점을 받았다. 그동안 예수님과 예수님 학교라는 곳에서 3년 동안 배웠던 그 실력을 최종 평가하는 자리인 수능시험지에 십자가가 등장하는데, 그들은 전혀 그 문제를 풀지 못하고 낙제점을 받았던 것이다. 그 중에서 제일 성적이 탁월했던 베드로, 요한, 야고보가 낙제점을 받았으니 다른 친구들이야 오죽하였겠는가? 그 회복의 현장에서 첫 메시지는 "애들아, 너희에게 고기가 있느냐?"였다.

예수님의 이 질문은 우리를 뜨겁게 하고 있다. 예수님은 이미 정답을 알고 있었다. 성경적인 시각으로 보면, 새로운 직업현장으로 나선 그들이 고기를 한 마리도 못 잡는 현장에 예수님께서 깊이 개입하고 계셨다.

예수님께서 전능하신 능력으로 "고기가 있느냐?"고 물었을 때 제자들은 그 문제만큼은 이야기하고 싶지 않았을 것이다. 자존심의 문제였다. 그러나 그 물음은 고기에 대한 이야기만은 아니다. "지금 너희 자리를 제대로 잡고 있는가?"에 대한 확인이었다.

주님은 그들을 치료하기 시작했다. 그 치료의 방법은 독특하셨다. "배 오른 편에 그물을 던지라."

예수님이 자기를 떠난 제자들에게 고기를 어디서 잡아야 할 것인가를 구체적으로 말씀해 주신다. 그들의 믿음을 탓하지 않으시고 오히려 고기 잡는 것에 대한 방법을 알려 주신 것이다.

그곳에는 예수님의 독특한 처방이 있었다. 그 처방이 특이한 이유는 먼저 그들이 가장 관심을 가진 고기에 대해서 말씀하고 있다는 사실이다. 그것은 사랑의 치료이다. 그들을 능력자로 회복시키는 예수님의 방법이었다.

벨 교육은 바로 예수님의 교육을 실천하는 것이다. 성숙한 하나님의 사람으로 살려면 상대방의 관심이 무엇인가를 알아야 한다. 지금 상처 입은 자들의 관심이 고기에 있는데 전혀 다른 것을 진단하는 사람이 많다.

우리 같아서는 "야! 너희들 진짜 지독한 친구들이다. 내가 부활하고 너희들에게 보이기까지 하고 믿음 없는 자가 되지 말라고까지 했는데 너희들이 지금 행하는 것이 겨우 고기 잡는 수준밖에 안 되냐? 그러니까 너희들은 어부밖에 못 되는 거다."고 질책하고는 수석 제자인 시몬에게 "전부 집합시켜! 너희는 제자란 말이야 이렇게 살아서는 안 되는 거다. 너희들 인생이 무엇인 줄 아느냐? 의리를 지켜야지. 그러니까 고기를 못 잡는 거다. 알았냐? 알았으면 가 봐!"라고 했을 것이다.

"인생은 어디에서 와서 어디로 가는가"

예수님은 이런 철학적이고 고차원적인 인생관의 교육을 하지 않았다. 비록 부활의 주님을 만나고도 여전히 딴짓거리를 하는 제자들이었지만 그곳에서 "왜 그렇게 인생을 추잡하게 사느냐?"고 묻지 않았다.

예수님의 치유는 항상 사람을 만들어 가는 데 있었다. "애들아 너희에게 고기가 있느냐?"라는 이 질문 속에 세상을 뒤집을 힘을 감추고 계신 것이다.

벨은 배신자의 길을 가는 사람일지라도 어떻게 예수님처럼 상황을 다스리겠는가를 가르치는 교육이다. 이런 예수님의 힘이 우리에게 있을 때 진정 실력 있는 리더로 거듭나는 것이다. 성경에서의 교육은 "누구도 실패하지 않았다."는 것을 기록하기보다는 '실패했지만 결국은 하나님이 찾아 오셨고 계획하셨고 회복시켜 다시 쓰임 받을 수 있었다.'는 것을 가르치는 것이다. 아브라함이 그러했고 야곱이 그러했고, 다윗과 요나가 그랬고 열두 제자가 그랬다. 그것은 "그들이 실패자였다."를 증거하기 위해서 쓰여지기보다는 "너희들도 다시 내가 쓸 수 있다."는 강한 회복의 메시지이다.

진정한 리더는 사람을 다스릴 수 있는 힘을 예수님에게서 구체적으로 배우는 사람이다. 그런 성숙한 인간을 만들어 가는 리더의 교육이 바로 벨 교육이다.

자랑할 것을 자랑합시다.

율법이라는 것은 일종의 시험제도이다. 이곳에는 점수만 있다. 그러기에 합격과 불합격이라는 냉정한 기준이 있을 뿐이다. 613점 만점에 613점을 맞아야 합격이다. 613점이 되어 천국에 들어가든지 아니면 지옥행이든지 둘 중의 하나이다. 612점이 되어 1점 모자라니까 "천국 비슷한 곳이라도 보내 주세요." 하는 것은 통하지 않는다. 율법으로는 구원을 얻을 사람이 아무도 없다. 하나님은 한 의, 즉 예수 그리스도를 믿음으로 말미암아 구원을 얻는 은혜를 허락하셨던 것이다. 하나님이 구원하시는 시험제도는 은혜의 무시험제도이다.

> 모든 사람이 죄를 범하였으매 하나님의 영광에 이르지 못하더니 그리스도 예수 안에 있는 구속으로 말미암아 하나님의 은혜로 값없이 의롭다 하심을 얻은 자 되었느니라
> (로마서 3:23 ~ 24)

사도행전 20장에 보면 졸다가 창에서 떨어져 죽은 사람을 바울이 다시 살린 사건이 나온다.

> 유두고라 하는 청년이 창에 걸터앉았다가 깊이 졸더니 바울이 강론하기를 더 오래 하매 졸음을 이기지 못하여 삼층 누에서 떨어지거늘 일으켜 보니 죽었는지라 바울이 내려가서 그 위에 엎드려 그 몸을 안고 말하되 떠들지 말라 생명이 저에게 있다 하고 올

> 라가 떡을 떼어 먹고 오랫동안 곧 날이 새기까지 이야기하고 떠나니라 사람들이 살아
> 난 아이를 데리고 와서 위로를 적지 않게 받았더라
> (사도행전 20:9 ~ 12)

　율법으로 보면 우리는 창턱에 걸터앉아 졸다가 유두고처럼 죽어야 했다. 어떻게 말씀을 전하는데 감히 졸 수 있는가? 그것은 죽음이다.
　그러나 율법으로는 졸면 죽는다고 이야기한다면, 은혜는 그럼에도 불구하고 살린다는 것을 보여준 실제 사건이다. 우리의 신앙생활에는 어떤 실수든 있을 수 있다. 실패 또한 마찬가지다. 그렇다고 해도 다른 곳에 가서 씻고 올 수는 없다.

　사람들은 대부분 이런 곳에서 속았다. '술을 끊고 오겠다. 돈 벌어서 오겠다. 내 마음에 있는 죄를 모두 씻고 오겠다.'고 한다. 그러나 분명히 알아야 한다. 하나님을 떠난 그 어느 곳에서도 우리는 거룩한 결심과 거룩한 시작이 불가능하다. 길을 가다가 넘어지고도 일어날 생각은 않고 '나는 왜 이럴까?' 연신 고민하면서 계속 울고만 있는 것이 우리의 약점이다. 마치 우는 어린아이와도 같이 누가 자기 우는 것을 보나 안 보나 눈치를 힐끗힐끗 봐 가면서 운다. 본다 싶으면 소리내어 울지만 못 본 체 하면 혼자서 일어난다는 것이다.
　우리 또한 어릴 때는 잡아줄 때까지 안 일어나고 주저앉아 울고만 있었다. 그러나 안타깝다고 자꾸 붙잡아 주면 그 아이는 고난 속에서 일어날 줄 모르고 계속 자기를 붙잡아 줄 때까지 울고만 있을 것이다.
　하나님은 우리를 사랑하신다. 그러기에 우리는 하나님이 울고 있는 나를 알고 계시다는 것을 깨달아야 한다. 율법은 우리를 정죄해서 "너는 바보같이 졸다가 떨어졌냐? 그래, 그 값은 마땅히 죽음이다."라고 일어설 수 있는 힘을 상실케 하지만 복음은 그렇게 잔인하지 않다. 오히려 다시 살리는 것이다. 하나님이 계시다는 것이 아직 분명

치 않고 교회 와서 졸다가 떨어지는 한이 있더라도 다시 살릴 것을 믿고 이 거룩한 현장에 있어야 하는 것이다.

교회를 잘 다니다가 방학을 하는 사람들의 이유를 살펴보면 "교회 와서 졸다가 떨어졌으니까 나 같은 놈은 역시 구제불능이다." 생각하고 졸지 않는 힘을 얻어 가지고 오겠다고 한다. 그리고는 어디로 가는가 하면 노래방이나 고스톱 판으로 간다. 노래하는 힘으로, 또 고스톱을 치는 힘으로 다시 교회로 오겠다고 한다. 이것은 마치 난 공부를 못하니까 공부 잘하게 되면 학교를에 간다는 것과 같다. 아니 더 나가면 내 몸이 너무 더러워서 창피해서 목욕탕에 못 가겠으니, 먼저 다른 데에 가서 씻고 목욕탕에 가겠다는 사람과도 같은 것이다.

공부를 못하면 교과서를 훨씬 더 자주 펴야 한다. '나는 공부를 못하니까 교과서를 펼 자격도 없다. 오히려 교과서 덮어놓고 명상에 잠겨보자. 디스코텍에 가서 몸을 좀 푼 다음에 공부할 마음이 생기면 그때 돌아와서 책을 읽어야겠다.'고 하면 말이 되는 건가? 몸을 푼 다음에 공부할 마음이 생길까? 아니다. 돈벌어서 십일조 할 만하면 교회에 나가겠다고 하는 사람은 아직도 못 나오고 있다. 거룩해지려면 졸더라도 거룩한 현장에 있어야 한다.

벨은 유듀고처럼 창문에 걸터앉아 졸다가 떨어진 사람들이지만 하나님의 은혜로 다시금 살리심을 받은 자들이다. 여기에서 누가 잘났다고 할 수 있겠는가? 졸다가 떨어졌는데 "나는 죽었다가 살아났다."고 동네방네 떠들고 다니는 것처럼 창피한 것은 없다. 떨어졌으면 겸손할 줄 알아야 하는 것 아닌가? 다른 사람은 졸지 않고 다 들어 은혜 받고 있는데, 창턱에 걸터앉아서 졸다가 떨어져 죽은 것이 뭐가 자랑거리가 되는 것인지 모르겠다.

그런데 안타까운 것은 그 졸다가 떨어져 죽은 것을 자랑하고 있다는 사실이다. 가끔 술 먹고 깡패였던 자들의 삶이 미화되고 아름답게 치장되어서 교회에 등장하면 그것을 대단한 기적으로 여기는 토양에서는 삶의 성숙함을 기대하기 힘들다. 하나님이 그를 왜 변화시켰는가에 대한 묵상이 없이 그저 정신없이 자랑하고 다니니까 평범하고 건전한 사람도 "나도 한번 나갔다가 술 먹고 뒤집어진 다음에 들어올까?" 하는 유혹이 찾아오는 것이다.

우리가 항상 조심해야 할 것은 "너희들 나처럼 죽었다가 살아나 보았어? 나는 죽었다가 살아난 몸이야? 까불지들 마라." 하고 말하는 바로 이 부분이다. 졸다가 떨어졌다는 것이 창피한 줄도 모르고, 살아난 것이 마치 자기의 능력이나 되는 것처럼 거들먹거리면서 자랑하고 다니면 우리의 삶은 시장바닥이 되는 것이다. 제발 자랑할 것을 가지고 자랑해야 한다. 그래야 토양이 개간되고 하나님의 말씀이 좋은 열매를 맺어 실력 있는 리더가 그 토양에서 세워지는 것이다.

예배와 삶

요한복음 4장에는 수가성 여인과 예수님이 우물가에서 대화하는 장면이 나온다. 이곳에서 예수님은 당시로서는 획기적이고 충격적인 말씀을 선포하셨다. 그 말씀은 그때까지 지속되어 온 예배의 틀을 깨는 엄청난 도전이었다. 그동안 고수해 온 장소 중심의 예배에서 삶 중심의 예배로 바뀌는 순간이었다. 그것은 성전 예배가 아니었다. 그것은 이름 없는 동네 야외의 한 우물가였다. 그리고 여인과 제자들과 사마리아인들이 있었다.

예배는 사람들과 관련되어 있다. 예수님은 시장하셨고 이 여인에게는 구원이 필요했다. 제자들은 예수님께서 사마리아인과 말을 나누는 모습에 놀라서 멍하니 서 있었다. 이 여인은 유대인들과 사마리아인들 사이에 있었던 오래된 적대감을 끄집어내었다. 그러니까 여기에는 인종 분쟁이 있었던 것이다.

이러한 실제 삶의 한가운데서 예수님은 예배에 대해 말씀하셨다. 왜 그렇게 하셨는가? 예배를 바르게 드리게 된다면 우리가 고치기 위해서 그토록 많은 시간을 들여왔던 다른 것은 훨씬 쉽게 고쳐질 수 있기 때문이다.

이 사마리아 여인은 예배의 본질을 알게 됨으로 매춘하는 일을 중단하게 되었다. 또 제자들은 예수님께서 하나님께 대한 올바른 견해를 주셨기 때문에, 이전의 원수들이었던 사마리아인들과 교제를 가질 수 있게 되었다.

사마리아인들은 예루살렘에 있는 성전과 경쟁하기 위해 그리심 산에 자기들의 성전을 건축했다. 그리하여 그들만의 예배 장소를 만들었던 것이다. 그러나 예수님은 이 여인에게 예배의 가장 우선적인 문제는 장소가 아니라고 말씀하셨다. 당시의 사고로는 성전의 틀을 깨는 큰 충격이었다.

예배는 마음과 정신의 상태이다. 예배는 '내가 어디에 있느냐?'의 문제가 아니다. 예배는 '내가 누구냐?'에서 시작한다. 만약 예배를 생활 방식으로 배우지 않았다고 한다면, 뾰족한 교회 건물 안으로 모습을 나타낸다 할지라도 아무 것도 변화시킬 수 없다.

성경은 우리의 몸이 살아 계신 하나님의 성전, 즉 교회라고 말한다.(고린도전서 6:19) 만약 우리가 한 사람의 그리스도인이라고 한다면, 우리는 항상 교회 안에 있는 것이다. 나 자신이 바로 교회이기 때문이다.

벨 교육은 성경에서 말하는 진정한 리더의 자리로 가도록 방향을 제시할 것이다. 예배는 극단적인 개인주의를 말하는 것이 아니다. 우리는 또한 함께 예배를 드려야 할 책임이 있다. 공적이면서도 사적인 예배는 서로 상호 보완적이어야 한다.

 만일 하나님의 성령께서 우리 안에 살아 계시다면, 우리는 교회에 나오지 않을 수 없다. 그래서 하나님께서 "네가 교회 건물 안에 있지 않은 때에 너는 어떤 종류의 교회에 속하고 있느냐? 너의 일터와 가정에서 네가 가지고 있는 교회는 어떤 종류의 교회냐?"라고 묻는 것이다.

 우리는 언제나 교회 안에 존재하고 있다. 왜냐하면 우리의 몸이 하나님의 성전이기 때문이다. 그러나 많은 신자들이 엉망진창으로 살고 있다. 그들이 예배한다는 의식이 교회 안에서 주일로 국한되어 있기 때문이다.

 벨은 뾰쪽한 교회의 철탑에서 나와 우리 가정, 직장, 학교, 삶의 모든 영역을 예배의 현장으로 삼아야 한다고 외치는 종소리이다. 그 종소리가 힘차게 들릴 때 후대에게 소망이 있다고 보는 것이다. 그 성전이라는 울타리를 넘어 삶의 현장이 모두 예배가 될 수 있는 자리로 가야 진정한 리더의 자질을 얻는 것이다.

우리가 입고 다닐 옷

 출애굽기 39장 1절에 "아론을 위한 거룩한 옷을 만들었더라"는 대목은 우리에게 은혜가 된다. 아론이라는 인간을 알기 때문이다. 아론이 누구인가? 하나님이 모세의 대변자로 특별히 선택한 사람이었다. 그러나 그가 완벽한 자가 아니었다는 것을 우리는 안다. 아니, 너무나 형편없는 사람이었다.

 이적과 기적을 체험하고 모세 앞에 서 있었지만 그는 이스라엘 백성들의 항의에 믿음을 선택하기보다 하나님이 가장 싫어하시는 우상을 만들도록 허락한 사람이었다. 그런 그가 지금 출애굽을 마감하면서 대제사장의 거룩한 옷을 입는 장면이다.

이 옷은 하나님의 말씀대로 지어졌다. '여호와께서 명하신 대로' 지어졌다는 대목이 39장에 일곱 번이나 반복되어 있다. 이 말은 실한 오라기도 인간의 생각대로 지어지지 않았다는 것을 강조하는 것이다. 대제사장이란 신분이 하나님에 의해 생겨났기에 그 일을 수행할 때 입게 될 옷이었다. 그 옷을 아론이 입었다는 것은 무엇을 의미하는 것일까?

아론에게 대제사장의 옷을 입게 하신 것은 '하나님의 은혜'였다. 아론 때문에 얼마나 많은 사람이 죽었는가 생각해 보자. 아버지의 마음을 사정없이 찢어놓은 그였다. 십계명 중에서 가장 첫 번째 계명을 범하여 이스라엘로 하여금 사랑의 배신자로 나가게 했던 장본인이 그였다. 그런 엉터리 같은 그가 지금 제사장의 옷을 입은 것이다. 마치 탕자 같은 자를 받아 주셨을 뿐만 아니라 자녀를 위한 특권으로 거룩한 옷을 입히고 반지를 끼워 주시는 자리였다. 우리는 이 대목을 통해 하나님께서 무엇을 말씀하고 싶은가를 알아야 한다.

교회란 거룩한 사람들로부터 출발되지 않았다. 망나니처럼 제멋대로 날뛰던 자리에서 하나님의 은혜로 제사장과 같은 거룩한 옷을 입은 자리이다. 하나님은 우리를 왕 같은 제사장으로 부르셨다. 제사장은 하나님께 나아갈 수 있는 사람이다. 대제사장만이 지성소에 들어갈 수 있었다. 지성소와 성소에는 휘장이 가려 있었는데 이 휘장을 걷고 들어가서 백성들의 죄를 대신해서 간구하는 사람이 대제사장이었다. 잘못 들어가면 죽을 수도 있었다. 그래서 대제사장이 그곳에 들어갈 땐 방울을 달아 오랫동안 나오지 않으면 방울을 흔들어 보았다고 한다.

그러나 예수 그리스도가 죽으심으로 말미암아 성소 휘장이 위로부터 아래까지 찢어진 바가 되었다. 누구든지 예수님의 이름으로 하나님과 대화할 수 있는 새로운 길이 열린 것이다. 그 새로운 길로 말미암아 누구나 제사장의 직분을 감당하게 된 것이다.

결국 출애굽의 거룩한 장면은 우리가 대제사장으로서의 본분을 감당해야 한다는 것을 말씀하고 있다. 제사장의 옷은 아무데나 입고 나가는 외출복이 아니라 하나님만 섬기는 옷이었다.
이 옷은 거룩의 상징이었다. 구별된 옷이라는 것이다. 그러므로 왕 같은 제사장으로 부름 받은 우리들은 언제까지나 이 옷을 입고 있어야 한다. 제사장으로의 사명과 부름을 상실하지 말아야 한다. 왕 같은 제사장은 대단한 축복인데, 우리가 하나님의 자녀로서 제사장의 옷을 입었다는 것은 대단한 의미가 있다.
옷은 그의 신분을 말해주는 것이었다. 성경에서는 옷이 그 사람의 가치관을 의미할 때가 많다. 우리는 하나님의 자녀로서 세상을 향해 떳떳한 자로 '성경에 명한 대로' 옷을 입을 필요가 있다. 날마다 제사장의 옷을 입기까지 나아가는 것이다.
그런데 이 옷을 입으라고 해도 "내가 미쳤냐? 그 옷을 입게!"라고 버티는 사람이 한둘이 아니다. "목사만 입어야지 왜 나까지 입게 해서 고생을 하게 해."라고 한다. 애굽에서 입었던 청바지가 편하기는 하지만 우리는 그 옷을 입고 살아갈 사람들이 아니다. 제발 왕 같은 제사장의 자부심을 가지고 사는 리더가 되도록 훈련해야 한다. 그것이 우리가 입고 다닐 제사장의 예복이다.

제 2 부 왜 성경적 교육을 해야만 하는가?

1장 성경적 교육의 사명
2장 마지막 날의 세 가지 시험

1장 | 성경적 교육의 사명

왜 이 길을 못 가는가?

성경적인 교육을 행하지 못하는 이유는 이 교육으로 세상적인 결과를 얻지 못한다는 불안감에서일지 모른다. '과연 성경적인 교육을 통해서 세상 교육을 압도할 수 있는 진정한 힘을 기를 수 있을까?'라는 물음에 대한 확신이 없는 것이다. 아니 그것보다 교육은 하고 있으나 도대체 무엇을 어떻게 가르쳐야 세상을 앞서 갈 수 있는 진정한 리더들이 나올 것인가에 대한 목표가 없는 것이다. 그러기에 성경적인 교육을 멀리하고 학원과 과외로 자녀를 내몰고 있다.

우리가 지금 걷고 있는 토양은 급격히 황폐해지고 있다. 매스컴과 여러 가지 인터넷 매체로부터 영향을 받는 것이다. 그러기에 학교에서 가르치는 교육자들조차 5년 전이 다르고 10년 전이 다르다고 한다. 아이들을 다스릴 수 없어서 교육을 어떻게 해야 할지 모르겠다고 한다. 교회학교 교사는 앞으로 성경적인 교육을 하면 세상적인 공부도 잘 할 수 있다는 확신을 가지고 가르쳐야 한다.

교사나 목회자들 모두 성경을 가르치는 것이 단순히 감동과 지적인 수준에 머물러서는 안 된다. 아브라함의 아들이 이삭이라는 것이 중요한 것이 아니라 그 이삭이 어떻게 하나님의 사람으로 교육되어져 어떤 인물이 되었는가가 중요한 것이다.

  교육은 지식을 습득하는 현장이 아님에도 불구하고 가르치지 못하는 분명한 이유가 무엇일까? 그것은 성경적인 교육을 했다가 자녀의 성적이 떨어져 좋은 대학과 고등학교에 못 가면 어떻게 할까 하는 불안감이 있기 때문이다.

  벨 교육은 8년 동안 성경적인 교육을 통해서 얻은 분명한 자료를 가지고 있다. 이 자료는 성경의 교육을 행하는 자는 결코 세상적인 교육에 뒤지지 않는다는 것을 입증해 준다.

  문제는 '성경도 가르치고 기도도 하고 예배도 드리는데 왜 우리는 그런 일들이 일어나지 않는가?' 하는 것이다. 그러나 성경적인 교육이 아무리 보화라고 해도 그것을 꿸 수 있는 프로그램이 있어야 한다. 엄청나게 좋은 학습법은 제시하는데 그것을 어떻게 행하겠는가 하는 문제 앞에서 '믿음으로 하면 된다.'는 식이면 곤란하다. 즉 프로그램이 중요하다는 것이다. 학습법을 이루어 낼 수 있는 프로그램이면 좋은 전략이라고 말하고 싶다.

  하나님께서 이스라엘 백성을 애굽에서 탈출시킬 때 전능하심에도 불구하고 홀로 하지 않으셨다. 모세라는 사람을 인도자로 세워서 구체적인 전략을 가지고 탈출을 시켰다. 여호수아가 가나안의 싸움을 할 때 하나님이 가서 취하라고 말씀을 하여도 그것을 취하기 위해서 얼마나 세심한 전략을 수립하는지를 기억할 필요가 있다. 가나안을 정복하기 위해서도 정탐꾼을 보냈다.

> 눈의 아들 여호수아가 싯딤에서 두 사람을 정탐으로 가만히 보내며 그들에게 이르되 가서 그 땅과 여리고를 엿보라 하매 그들이 가서 라합이라 하는 기생의 집에 들어가 거기서 유숙하더니 (여호수아 2:1)

  군사도 뽑고 성읍 뒤로 가서 매복도 했다.

> 이에 여호수아가 일어나서 군사와 함께 아이로 올라가려 하여 용사 삼만 명을 뽑아 밤에 보내며 그들에게 명하여 가로되 **너희는** 성읍 뒤로 가서 성읍을 향하고 매복하되 그 성읍에 너무 멀리 하지 말고 다 스스로 예비하라 (여호수아 8:3~4)

우리는 믿음의 전진만 하려고 했지 전략을 세운다는 것 자체를 인본주의적인 사고라고 생각하는 경향이 있다. 그러기에 "이기게 하실 줄 믿습니다."의 기도는 있지만 성읍을 향하여 매복하고자 하는 여호수아의 전략이 없다. 물론 아이성의 싸움은 전략만을 가지고 승리한 싸움은 아니었다. 그렇지만 하나님이 말씀하셨으니 "그냥 돌진만 하면 된다."는 막무가내식 싸움은 최소한 아니었다는 것을 기억하여야 한다. 그 좋은 전략이란 좋은 프로그램을 가지고 있는 것이라 할 수 있다.

하나님의 말씀은 어려운 책이다. 자녀들이 이 말씀을 요약할 수 있다면 국어와 논술이 특별히 문제가 되지 않는다. 하나님의 말씀을 보고 주제를 파악하고 요약할 수 있는 자녀들이 국어공부를 못한다는 것은 앞뒤가 맞지 않는 이야기일 수 있다.

이제 성경적인 교육으로 어떤 결과를 이룩했는지 제시하고자 한다. 이것은 단순히 성경적인 교육이 세상 교육보다 낫다는 의미가 아니라 하나님의 사람으로 양육되어질 때 부수적으로 성적까지도 따라 줄 수 있음을 충분히 증명하고도 남았다.

벨 학습법은 어떻게 하면 공부를 잘할 수 있을까에 초점을 맞추지 않았다. 공부의 방법이나 기술을 익히는 교육도 아니다. 오직 하나님의 사람으로 만들 때 어떻게 공부까지 영향을 미치는 것인가를 제시하게 될 것이고, 그 하나님의 사람이 학교에서나 삶의 현장에서 어떻게 리더의 삶을 실현하고 있는가를 구체적으로 보여 줄 것이다. 그러나 그것을 선택하는 것은 우리의 몫이다.

성경적인 교육을 하면 진정으로 실력이 늘어나는가에 대한 데이터를 가지고 있지 않다면 우리는 오랜 시간이 지난 지금 이것을 자료로 제시할 수 없었을 것이다. 그 결과가 없다면 벨 교육이 무슨 의미가 있을까?

벨은 원동연 박사의 5차원 전면교육을 성경에 그대로 접목시킨 교육이다. 5차원 전면 교육은 예수를 믿지 않는 사람에게조차도 그 교육의 원리가 충분히 인정되었다. 세상 사람들에게도 이런 인간됨의 교육이 좋은 결과로 입증된다면 그것이 성경적인 교육으로 제시될 때 하나님의 나라는 더 멋있게 확장되리라고 본다. 우리 벨 5차원 전면교육을 그대로 교육의 현장에 적용하고 있는 학교가 있는데 바로 세인고등학교이다.

처음 그 학교를 개교했을 때 원동연 박사는 학생 모집 자격을 이렇게 두었다.

첫째, 중학교 성적이 최하위권에 있는 학생.
둘째, 정신적인 상처를 입은 경험이 있는 학생.
셋째, 그럼에도 불구하고 포기하지 않고 다시 도전하려는 의지가 있는 학생.

그들은 성적위주의 교육이 아닌 하나님이 자신에게 주신 달란트를 키워 가는 교육을 한 결과 삼 년 후 대학진학률이 무려 90%가 넘는 고등학교로 거듭났다. 성경적인 교육의 힘을 보여준 것이다. 이원설 전 한남대 총장은 "낮은 곳에 떨어진 영혼에게 올라갈 수 있는 사다리를 놓아주는 것 그것이 교육의 진정한 역할이었다."라고 하였다.

고려대학교에서 30여 년 동안 가르치셨고, 현재는 아주대학교 석

좌교수이시면서 교육대학원장이신 정우현 박사는 일반 교육학자로서 30여 년을 한국 교회의 교육정책을 수립하고 교육에 많은 회의를 가지게 되었다고 고백했다. 그러나 벨 교육을 통해 부모와 자녀가 함께 영적 삶이 성숙해지며 리더로 세워지는 모습을 현장에서 확인하면서 성경적인 교육 앞에 진정한 교육이 무엇인가를 느끼게 된다고 하였다.

하나님의 교육이 좋은 것임을 알면서도 왜 그 교육을 포기할 수밖에 없는가? 그것은 오랜 시간 속에 훈련되어지는 인격적인 교육보다도 과외나 학원에서 가르치는 성적 위주의 단기간 교육에 모든 것을 집착하고 있는 까닭이다. 그러기에 역사 성적은 높지만 역사의식이 없고 도덕 성적은 높지만 윤리의식이 없는 연약하고 자기중심적인 성품이 만들어져 가는 것이다. 사람의 몸은 하루아침에 만들어지는 것이 아니다.

벨 본부에서 성경적인 교육으로 실력을 높이는 공부방을 한 적이 있다. 탈무드 같은 교육이었다. 방송에서 인터뷰가 끝난 후 엄청나게 사람이 몰렸다. 그런데 한 달이 가고 두 달이 지나 일년 후에는 두 명이 남았다. 끈덕지게 남아 있는 아이들은 바로 우리 집 아들과 딸뿐이었다. 그들은 여태 과외를 시키거나 학원을 보낸 적이 없다.

어릴 때 딸의 성적은 중간 정도였다. 이때 부모에게 넉넉함이 있어야 한다. 성적을 가지고 쉽게 이웃집 아이와 비교하면 안 된다. "왜 옆집 아이는 시험을 90점 받았는데 너는 80점밖에 받지 못했는가?"라고 따지면 성경적인 교육을 하기 힘들다. 자녀가 비록 낮은 점수를 받았더라도 성경적인 교육을 귀하게 여기고, 예배드리는 것이 귀하다는 것을 깨닫게 해주어야 하나님께서 진정한 리더로 세워 가는 것이다. 리더는 부모가 만드는 것이 아니라 하나님이 세워주셔야 한다는 것을 전제해야 한다. 살아 계신 하나님이 이 시대에 누구를 사용하실까 생각해야 한다.

하나님은 성적이 높은 자녀를 쓰시는 분이 아니다. 그 분은 하나님을 귀하게 여기는 하나님의 자녀들을 이 땅에서 리더로 사용하시는 분이시다.

벨 교육은 성적 제일주의의 영특한 아이를 만들기 위해서 교육하는 것이 아니라 실력을 키우는 사람으로 만들어 가는 곳이다. 오늘의 성적으로 인하여 하나님이 쓰시고자 하는 꿈이 있는 리더 세우는 일을 포기하면 안 된다는 사실을 잊지 말아야 한다. 성경적인 교육을 포기하는 것은 내일을 포기하는 것이다.

2장 | 마지막 날의 세 가지 시험

우리가 설령 그리스도의 가르침대로 교육했는데도 불구하고 세상적인 가치 기준을 가지고 보면 망한 것 같은 때가 있다. 그러나 이 길을 걸어야 하는 분명한 지침이 성경에 있다.

벧 교육은 공부를 잘하기 위해서 어떤 방법을 제시하는 것만이 아니라, 그렇지 아니할지라도 "주님이 가시는 길이라면 걷겠습니다."고 다짐하는 용기 있는 사람들의 길이다.

세상을 살아가면서 처음 생기는 욕심은 무엇을 갖고자 하는 것이다. 그렇지만 아무리 많이 가져 봐도 그것이 우리에게 진정한 행복을 주지 못하는 것을 알게 된다. 그래서 그 허전한 마음을 채우기 위해 '일'을 하려고 한다. 그렇지만 많은 일을 하고 업적들을 이루어 놓아도 진정한 행복을 주지는 못한다. 그러면 우리 인간들에게 정말 중요한 의미를 주는 것은 무엇일까? 그것은 '내가 어떤 사람으로 존재하느냐' 하는 것이다.

우리 인생의 마지막 평가는 무엇을 가졌고 어느 대학을 나왔는가, 또는 무엇을 이루었는가 하는 것은 아니다. 나름대로 최선의 노력을 다해서 잘 먹고 잘 살고 출세도 할 수 있다. 세상의 부귀와 명예를 얻고 지식도 얻을 수 있겠지만, 근본적으로 중요한 것은 하나님 앞에서 내가 어떤 사람이었는가 하는 것이다. 그러기에 기독교 교육의 목표도 '어떤 정신을 가지고 하나님의 사람으로 살아가는가?'에 초점이 맞춰져야 한다. 바른 정신이 없는 사람이 성적만 높다면 오늘의 웃음이 내일의 슬픔으로 변할 수 있다는 사실을 알아야 한다.

시골에서 목회하던 친구 교회에 새벽마다 하루도 빠지지 않고 열심히 기도한 집사 부부가 있었다. 그 분들의 소박한 꿈은 아들이 서울대학교에 가서 하나님께 영광을 돌리는 것이었다. 그 아들은 부모님의 기도 덕분인지는 몰라도 서울대학교에 무난히 합격하였다. 후에 아들은 서울에 가서 유학을 하게 되었고 그곳에서 교회도 안 다니면서 공부만 하는 친구가 되었다. 학교를 졸업한 후에 결혼도 했고 대기업에 취직도 하였다. 이제는 세월이 많이 흘렀는데도 부모들은 여전히 시골에서 농사지으며 사신다고 한다. 흙이 좋아서 그러는 것이 아니라 서울에 가도 부모를 별로 좋아하지 않는 자녀들 때문이라고 한다. 그는 뒤늦게 자신이 기도를 잘 못했음을 목사님께 고백했다고 한다.

다시 한 번 말하고 싶다. 하나님을 모르고 부모도 모르는 사람이 서울대학교를 나와서 대기업에 취직을 하여 많은 부를 차지한들 그것은 무가치한 것임을 알아야 한다.

하나님을 포기하는 것은 내일의 희망을 포기하는 것이다. 어떤 교육이든지 본질은 미래를 준비하는 것이다. 미래를 준비한다는 것을 신앙적으로 보면 마지막을 준비한다는 것과 상통한다. 그렇다면 우리가 무슨 일을 어떻게 하면서 마지막을 준비해야 할까? 그 해답은 바로 성경에 나와 있다.

마태복음 25장에도 열 처녀 비유, 달란트 비유, 양과 염소의 비유를 통해 마지막 날에 우리에게 세 가지 시험이 있다고 얘기한다. 그런데 그 시험은 마지막 날을 당하여 그 자리에서 보는 것이 아니라 우리가 이미 살아온 과거의 삶들을 평가하면서 어떤 사람이 구원받을 것인가, 그렇지 않을 것인가를 나누는 시험이라는 데에 문제가 있다. 이것은 어떤 사람이 천국에 가고 어떤 사람이 천국에 가지 못하느냐에 대한 신학적인 이야기가 아니라 예수님께서 친히 "너희가 어떻게 살아 왔는가?"를 가지고 심판을 하시겠다는 것이다.

진리 안에 깨어 있어야 한다. (마 25:1~13)

우리가 성경적인 교육을 해야 하는 이유는 진리 안에 깨어 있어야 하기 때문이다. 진리 안에서 깨어 있다는 것은 무엇을 뜻하는가?

열 처녀의 비유는 신랑을 맞이하러 가기 위해 기름과 등을 잘 준비한 슬기로운 다섯 처녀와, 등은 가졌으되 기름을 준비하지 아니한 미련한 다섯 처녀에 대한 이야기이다.

슬기로운 다섯 처녀와 미련한 다섯 처녀가 신랑을 맞으러 갔다가 신랑이 더디게 오니까 졸음을 참지 못하여 잠을 자다 소란한 소리에 깨어 보니 신랑이 왔다고 맞이하러 나오라고 하였다. 이렇게 부지불식간에 신랑이 왔을 때 기름을 잘 준비하여 등불을 들고 맞이하는 슬기로운 다섯 처녀가 있고, 기름을 미처 준비하지 않고 졸고 있다가 신랑이 왔을 때에야 기름을 사러 가는 바람에 신랑을 맞이할 기회를 놓쳐 버린 미련한 다섯 처녀가 있다.

이 이야기의 끝인 25장 10절 이하를 보면 "예비하였던 자들은 함께 혼인 잔치에 들어가고 문은 닫힌지라 그 후에 남은 처녀들이 와서 가로되 주여 주여 우리에게 열어 주소서 대답하여 가로되 진실로 너희에게 이르노니 내가 너희를 알지 못하노라 하였느니라 그런즉 깨어 있으라 너희는 그 날과 그 시를 알지 못하느니라"고 맺고 있다. 즉 준비하지 못하고 깨어 있지 못한 자들은 신랑과 함께 하는 혼인 잔치에 들어가지 못하고 문 밖에서 쫓겨나게 된다는 것이다.

우리는 지금 깨어서 기름과 등을 준비한 다섯 처녀가 될 수도 있고, 등은 가졌으되 기름을 준비하지 않은 미련한 처녀가 될 수도 있다.

중요한 것은 모두가 등은 준비했다는 것이다. 모두 같은 자리에서 신랑을 기다렸고 졸기도 같이 졸았다고 했다. 그런데도 그런 차이가 생긴 것이다.

우리는 이 기름을 성령으로 이야기하기도 한다. 그래서 성령의 충만함을 받아 날마다 깨어서 살 때만이 주님을 영접할 수 있는 자가 된다고 가르치곤 한다. 그렇다면 이 성령 충만한 삶은 자신만이 아니라 이 시대 모두를 깨우는 것이다. 혼자는 충만한데 자녀는 성적으로 인하여 성경적인 교육을 포기한다면 곤란한 것이다. 새벽기도를 하거나 교회를 열심히 다닌다고 깨어 있는 것도 아니다. 자녀를 하나님의 사람으로 세워 가는 데 최선을 다하지 않으면 깨어 있는 자라고 할 수 없다. 신랑을 기다리다가 졸 수는 있지만 여분의 기름은 바로 후대를 하나님의 사람으로 세워 가는 일이라 할 수 있다. 이 시험은 진리 안에서 항상 깨어 있지 못하면 하나님 나라에서 책임을 묻겠다는 것이다.

우리 주변은 진리보다 세상적인 교육으로 혼돈의 세계로 몰아가고 있다. 하나님의 백성들은 이때 진리 안에서 자녀를 바르게 깨울 수 있는 성경적 교육이 절실하다는 사실을 기억해야 한다. 우리 자녀들이 말씀의 교육에서 벗어난다면 하나님의 나라에서 우리는 책임을 면할 길이 없다. 자녀들에게 무엇을 물려 줄 수 있을까? 가장 귀한 것은 부모가 가진 신앙의 유산이다. 그것보다 소중한 것은 없다.

미국에 갔을 때 링컨이 어릴 때 살았던 켄터키 주의 통나무집을 방문한 적이 있었다. 박물관 입구에 들어서자 제일 먼저 눈에 띄는 것은 낡은 성경책이었다. 어머니가 링컨에게 유산으로 남겨주었다는 낡은 성경책이 유리관에 보물처럼 펼쳐져 있었다. 그것은 말없는 메시지를 담고 있었다. 노예 해방을 이루었고, 실패와 좌절의 자리에서도 낙심하지 않았던 그는 결국 미국에서 가장 위대한 대통령으로 남을 수 있었다는 것이었다. 그것은 바로 어릴 때부터 성경적 교육을 포기하지 않고 믿음으로 교육한 어머니의 노력 때문이었음을 잊어서는 안 된다.

달란트를 최대한 발휘해야 한다.(마 25:14~30)

어떤 주인이 세 사람의 종에게 달란트를 나눠주었다. 한 종에게는 다섯 달란트의 돈을 주고, 다른 종에게는 두 달란트, 나머지 한 종에게는 한 달란트를 주었다. 이렇게 서로 다른 달란트를 주어 장사를 하게 하고 타국으로 떠났다. 다섯 달란트 받은 사람은 바로 가서 그것으로 장사를 하여 또 다섯 달란트를 남겼다. 그리고 두 달란트 받은 사람도 장사하여 두 달란트를 더 남겼다. 그런데 한 달란트 받은 사람은 가서 땅을 파고 그 주인의 돈을 감추어 두었다.

주인이 몇 년 후에 돌아와서 세 종을 불러 정산을 하였다. 다섯 달란트 받은 종은 다섯 달란트를 더 가지고 왔으며 주인은 이 사람을 보고 "잘하였도다 착하고 충성된 종아, 네가 작은 일에 충성하였으매 내가 많은 것으로 네게 맡기리니 네 주인의 즐거움에 참예할지어다."(마태복음 25:21) 하고 칭찬하였다.

그리고 두 달란트 받은 종이 와서 두 달란트를 더 남겼다고 말했다. 주인은 이 종에게도 "잘하였도다 착하고 충성된 종아 네가 작은 일에 충성하였으매 내가 많은 것으로 네게 맡기리니 네 주인의 즐거움에 참예할지어다."(마태복음 25:23)라고 칭찬해 주셨다.

문제는 마지막 한 달란트를 받은 종이었다. 그는 감추어 두었던 주인의 돈 한 달란트를 내어놓았다. 그러자 주인은 "악하고 게으른 종아 나는 심지 않은 데서 거두고 헤치지 않은 데서 모으는 줄로 네가 알았느냐 그러면 네가 마땅히 내 돈을 취리하는 자들에게나 두었다가 나로 돌아와서 내 본전과 변리를 받게 할 것이니라."(마태복음 25:27)고 질책하였다.

이곳에서 기억해야 할 것이 있다. 주인이 책망한 것은 단순히 한 달란트를 그대로 가져왔기 때문이 아니라는 사실이다. 장사를 하지 않고 놀고 먹었다는 것에 화가 난 것도 아니다. 그것은 주인이 주신 달란트를 가지고 최선을 다하지 않은 것에 대한 책망이었다. 하나님이 주신 재능을 최선을 다하여 사용하고 있는가, 아니면 놀고 있는가는 자신이 더 잘 알고 있을 것이다.

우리는 여호수아서에서 마지막까지 최선을 다하여 살아갔던 한 사람을 보게 된다. 바로 갈렙이다. 그는 마지막까지 하나님이 자기에게 주신 사명을 붙잡고 살았다. 그는 늙었지만 젊은이였다. 최선을 다한 사람, 끊임없이 자신의 사역에 최선을 다하여 가나안 정복을 포기하지 않았던 그가 한 멋있는 말씀이 있다. '이 산지를 내게 주소서.' 였다.

> 그 날에 여호와께서 말씀하신 이 산지를 내게 주소서 당신도 그 날에 들으셨거니와 그 곳에는 아낙 사람이 있고 그 성읍들은 크고 견고할지라도 여호와께서 혹시 나와 함께 하시면 내가 필경 여호와의 말씀하신 대로 그들을 쫓아내리이다
> (여호수아 14:12 ~ 13)

언제나 자신의 생애를 멋있게 살아가려는 사람은 하나님이 주신 달란트를 최대한 발휘하여 하나님의 나라를 확장할 수 있는 힘을 가진 사람이다. 우리는 후대들에게 그 달란트를 최대한 발휘할 수 있도

록 길을 제시해야만 한다. 하나님의 나라에 가면 반드시 주신 달란트를 최대한 발휘하고 살았는가, 아니면 감추어 두고 살았는가에 대해 책임을 물으신다는 것이다. 하나님이 주신 달란트를 개발하지 못한 채 지식적인 교육만 시켜 나간다면 자녀들은 실력 있는 리더로서의 자질을 상실할 것이다.

이웃을 사랑하고 위로해야 함

마지막의 심판석상에서 고르시는 것은 양과 염소의 비유와 같다. 심판 날에 양과 염소를 구분하여 양은 오른편에, 염소는 왼편에 나누어 두시고 양은 '예비된 나라'를 상속할 것이고, 염소는 "저주를 받은 자들아……예비된 영원한 불에 들어가라."(마태복음 25:41)고 말씀하셨다. 이처럼 양과 염소로 나누는 기준은 무엇일까? 그것은 바로 이웃 사랑에 관한 것이다.

이웃 사랑은 지극히 작은 자들이 주릴 때 먹을 것을 주고, 또 목마를 때 마시게 하고, 벗었을 때 옷을 입히고, 병들었을 때나 옥에 갇혔을 때 돌보는 삶의 실천이다. 예수님이 마지막에 무엇을 가지고 하나님이 심판을 하실 것인가를 분명히 하셨다.

> 거짓 선지자들을 삼가라 양의 옷을 입고 너희에게 나아오나 속에는 노략질하는 이리라. 그의 열매로 그들을 알지니 가시나무에서 포도를, 또는 엉겅퀴에서 무화과를 따겠느냐 이와 같이 좋은 나무마다 아름다운 열매를 맺고 못된 나무가 나쁜 열매를 맺나니 좋은 나무가 나쁜 열매를 맺을 수 없고 못된 나무가 아름다운 열매를 맺을 수 없느니라 아름다운 열매를 맺지 아니하는 나무마다 찍혀 불에 던지우느니라 이러므로 그의 열매로 그들을 알리라 나더러 주여, 주여 하는 자마다 천국에 다 들어갈 것이 아니요 다만 하늘에 계신 내 아버지의 뜻대로 행하는 자라야 들어가리라 그 날에 많은 사람이 나더러 이르되 주여, 주여 우리가 주의 이름으로 선지자 노릇하며 주의 이름으로 귀

> 신을 쫓아내며 주의 이름으로 많은 권능을 행치 아니하였나이까 하리니 그 때에 내가 저희에게 밝히 말하되 내가 너희를 도무지 알지 못하니 불법을 행하는 자들아 내게서 떠나가라 하리라 (마태복음 7:15 ~ 23)

마지막 때에 하나님의 심판 기준은 열매이다. 얼마나 많은 이적과 기사를 행하였는가가 아니다. 이론이 아닌 삶의 열매라는 데에 우리가 주목할 필요가 있다. 지극히 작은 자들에게 이렇게 먹이고 입히고 마시게 하고 돌본 사람들은 오른편에 앉히시고 "내 아버지께 복 받을 자들이여…… 창세로부터 너희를 위하여 예비된 나라를 상속하라." (마태복음 25:34)고 하신다. 그리고 지극히 작은 자 하나를 돌보지 않은 자들은 왼편에 두시고 "저주를 받은 자들아 나를 떠나 그 사자들을 위하여 예비된 영영한 불에 들어가라."(마태복음 25:41)고 분명히 말씀하셨다.

즉, 세 번째 시험은 이웃을 사랑하고 돌보는 삶의 열매가 없으면 하나님의 나라에 들어갈 수 없다는 것을 가르쳐 준다. 하나님의 자녀가 하나님이 쓰시는 일꾼으로서 마지막 골인 지점은 하나님이 계신 천국이다. 그 목표지점에 이르기 위해서는 믿음과 함께 진리 안에서 깨어 있고 달란트를 최대한 발휘하며 이웃 사랑을 실천했느냐에 있다는 것을 잊어서는 안 된다.

제 3 부 실력이란 무엇인가?

- 1장 현실교육의 약점
- 2장 성적과 실력의 차이
- 3장 진정한 실력의 차이
- 4장 원리 중심의 공부

실력있는 자녀로 세울 것인가/ 아니면/ 성적이 높은 자녀로/
세울 것인가를/ 선택해야 한다

1장 | 현실교육의 약점

 광복 후 교육의 주권을 찾은 이래 55년 동안 우리 교육은 전인교육은 뒷전에 둔 채 학생들의 성적을 높이는 데만 최고의 가치를 두었다. 그 결과 박사도 교수도 많이 나왔지만 학문의 대가를 만들지는 못했다. 이러한 현실을 볼 때 교육의 대표적인 약점 두 가지를 들 수 있다.
 첫째는 학교 성적과 실력에 큰 차이가 있다는 것이다. 학교에서 영어 성적은 높은데 실제로 영어를 잘 사용하지 못하는 경우가 대부분이다. 대학을 나왔어도 외국인과 자유롭게 의사소통을 할 수 있는 사람은 그리 많지 않다. 또한 역사 성적은 높은데 실제로 역사의식이 없다. 역사를 보는 눈, 시대를 보는 눈을 갖고 자기 삶을 주도적으로 이끌어 가는 사람을 만나기가 쉽지 않은 것이다.
 우리 사회의 윤리성은 어떠한가? 학교에서의 윤리 성적은 높은데 실제 삶 속에서 윤리성이 결여되어 있다. 체육 성적은 높으나 건강하지 않으며, 과학 성적은 높은데 과학적 사고방식을 갖지 못한다. 이런 예들은 아주 많다. 이처럼 학교에서의 성적과 진정한 실력에는 상당한 차이가 있는 것이 우리의 현실이다.
 또 하나의 약점은 성적이 중하위권에 있는 사람들은 실력을 쌓을 기회조차 갖지 못한다는 점이다. 성적 위주로 가다 보니 학교에서는 상위권에 속하는 몇몇 학생 중심으로 수업이 이루어지며, 성적이 나쁘면 그것으로 그치는 것이 아니라 사람 대접을 받기 어려운 지경까지 이른다. 이렇게 인간 대접을 받지 못하니까 실력을 쌓을 수 있는 기회를 갖지 못하며, 결국은 이런 악순환 속에서 공부 못하는 것이 불행한 삶으로까지 이어지게 되는 것이다.

벨 교육을 통해 행복을 찾는 방법

우리는 살아가면서 여러 가지 어려운 일을 겪게 된다. 어려움은 대부분 양면성을 지닌다. 어려움으로 인하여 좌절과 실패를 경험할 수도 있고, 또 다른 도약을 위한 밑거름이 될 수도 있다.

베토벤은 완전히 귀머거리가 되어 고통과 슬픔에 잠겨 있으면서도 위대한 교향곡들을 완성했으며, 모차르트도 불치의 병으로 고통을 당하고 있을 때 유명한 오페라를 작곡했다. 헨리 포드가 만든 첫 자동차는 후진 기어가 달려 있지 않은 것이었다. 그러나 그는 초기의 실패를 거울삼아 결함 없는 자동차를 만들기 위해 최선을 다했다.

이런 현상이 우리 삶에도 그대로 적용될 수 있다. 지금 우리의 교육을 바라보면서 많은 사람들이 안타까워하고 있다. 실제로 우리 교육은 앞서 살펴본 것과 같은 문제점을 안고 있다. 이런 문제점을 해결하기 위해서는 아주 이상적인 '교육 개혁'이 이루어져야 한다. 그러나 이는 그리 쉬운 작업이 아니다. 설령 천신만고 끝에 그러한 개혁이 가능하다고 해도 엄청난 시간과 재정, 인력이 요구된다. 그래서 교육개혁이 성공을 거둔다 할지라도 현재의 우리 자신과 우리 아이들은 혜택을 받지 못하게 된다.

이런 상황에서 교육개혁보다 더 시급한 것이 있다. 만약 시스템을 바꾸는 것이 어려울 경우, 좋은 제품을 만들 수 있다면 그것은 효과적인 해결책이 될 수 있다. 즉 우리의 어려운 교육현실 가운데서 좋은 교육 방법들이 나와서 이런 문제들을 극복해 낼 수 있다면 선진국의 좋은 교육 시스템에서 길러지는 사람들보다 훨씬 더 강한 힘을 지닌 진정한 실력자, 진정한 지도력을 가진 사람들을 길러낼 수 있다는 것이다.

'좋은 집단'에 들어가면 행복한 것이라는 편견을 버려야 한다. 좋은 학교, 좋은 직장에 들어간다고 결코 행복이 보장되지는 않는다. 비록 좋은 조건에 있지 못하더라도 그것을 극복하고 행복하게 살 수 있는 사람을 키워야 한다. 다시 말하면 어떤 위치에 있더라도 긍정적인 사고를 갖고 어려움을 딛고 일어설 수 있는 힘을 주어야 한다. 어려운 일을 이길 수 있도록 단련된 사람들은 더 어려운 곳에서도 능히 이겨낼 수 있는 힘을 갖게 될 것이다.

상급학교에 진학하기 위한 성적 중심의 교육에서 이제는 우리의 아이들이 어떤 위치에서든지 어려움을 이길 수 있는 힘을 갖도록 해야 한다. 이것이 교육의 목표가 되어야 하고 우리 자신이 이런 사람으로 세워져야 한다. 우리 각자가 갖고 있는 능력은 서로 다르지만 모두가 자기 영역에서 실력을 발휘할 때 어느 곳에 있든지 스스로 자존감을 갖고 다른 사람에게도 인정받으며 행복하게 살 수 있는 것이다. 이 말은 우리 집단의 몇몇은 실력 있는 사람이고 몇몇은 그렇지 못한 사람이 아니라 모두가 실력 있는 사람이 될 수 있다는 것을 전제하고 있다.

우리 교육의 현실은 어떠한가? 안타깝게도 '지적(知的)'인 요소 한 부분에만 관심이 치중되어 있다. 그것도 학교 성적에 우리 학부모와 학생들의 모든 관심이 집중되어 있다. 그래서 '자녀교육'이라 하면 곧바로 '학교성적'을 떠올릴 정도로 교육과 성적이 동격화되고 있고, 어떻게 하면 높은 학교 성적을 얻을 수 있느냐에 학부모와 교사, 학생들 모두가 관심을 갖고 있는 것이 현실이다.

우리는 대부분 열심히 노력하면 성적이 올라가리라는 소박한 생각을 가지고 있다. 그러나 세상의 원리는 그렇지 않다. 아무리 열심히 공부한다 해도, 소위 공부 잘한다고 하는 상위권에 모두가 속하게 되는 것은 아니다. 100명 중에서 10등 안에 들 확률은 10%뿐이다. 즉 대다수의 학생들은 상위권이 아닌 나머지 90%에 속하게 되는 것이다. 이 말은 무슨 뜻인가? 만약 성적이 좋아야 행복하게 된다면 우리 아이들이 행복해질 확률은 10%뿐이고 불행해질 확률은 90%나 된다는 뜻이다.

우리는 교육을 통해서 자녀들을 행복하게 하려고 한다. 그러나 교육의 목표가 좋은 성적을 얻는 데 있다면 오히려 우리 아이들 가운데 90%를 불행하게 만드는 것임을 인정하지 않으면 안 된다. 그러나 성적이 어떻든지 간에 자기에게 맡겨진 일을 잘 처리할 수 있는 실력을 갖춘 사람은 어떤 집단에 있든지 스스로 만족감을 느끼고 남에게도 인정받게 되어 행복을 느끼며 살 수 있다. 반면 그렇지 못한 사람은 성적이 높아서 엘리트 집단에 있어도 불평과 불만 속에 살아갈 수밖에 없다.

벨 교육은 상위 10%에 드는 것을 교육의 목표로 두는 것이 아니라 자기에게 맡겨진 일을 최선을 다해서 바르게 잘 해낼 수 있는 실력을 가진 사람을 세우도록 성경적 교육을 통해서 훈련하는 것이다. 세상적인 기준이 교회 안에서 사라지지 않는 한 우리 후대는 소망이 없을 것이다. 중요한 것은 성경적인 교육을 받고 달란트를 최대한 발휘하는 사람은 진정한 실력자가 될 수 있음을 하나님은 가르치시고 보여 주셨다. 그러기에 그리스도인들은 분명히 공부 문제를 신앙 문제와 연결하여 인식할 필요가 있다.

'정말 신앙생활을 열심히 하면 공부를 잘할 수 없는 것인가? 공부보다도 신앙생활을 우선으로 한다는 것이 현실적으로 불가능한가? 성적보다 실력이 더 중요한 것인가?

  이런 등등의 질문에 대한 분명한 인식과 대답이 갖춰져야만 한다는 것이다.

2장 | 성적과 실력의 차이

　실력 있는 그리스도인을 만들어 이 시대를 세워 가야 한다. 성경적인 삶이 실천된다는 것은 앞으로 세상 교육을 앞설 수 있는 말씀의 교육을 통해 실력 있는 인재들이 이 시대의 정치, 경제, 문화를 지배해 나갈 때 가능하다. 그런데 안타깝게도 실력을 어떻게 키우는가에 대한 구체적인 프로그램을 갖지 못했다.
　"지혜를 주옵소서."라고 기도는 하는데 지혜를 받으려는 자세가 없다. 그냥 하늘에서 지식이 뚝 떨어지기를 바라는 사람들이 많다. 솔로몬의 지혜와 지식을 꿈 한번 꾸고 얻기 원하는 사람들이 많다는 것이다. 그러나 그것은 진짜 꿈이다. 어떻게 실력을 높일 것인가? 성경에 해답이 있다.
　결론부터 이야기하겠다. "그리스도 안에는 지혜와 지식의 모든 보화가 감추어 있다."(골로새서 2:3)는 이 말씀이다. 지금 우리 시대에 교육으로 인하여 교회를 등지는 자녀들이 너무 많다. 교회에 그들이 다시 올 수 있도록 해야 한다. 하나님의 말씀대로 교육을 할 때 하나님이 실력자로 세운다는 확신을 가져야 한다.
　어떻게 성적을 높일 수 있는 길이 있을까? 과외나 학원에 가지 않아도 공부를 잘하고 이 시대의 리더로 세워질 수 있을까? 그것을 묻기 전에 우리 후대가 하나님의 말씀으로 교육되고 있는가를 진단하여야 한다.

대덕연구단지는 연구원들이 살고 있다. 누구보다도 학교에서 우수한 성적을 지켜 왔던 사람들이다. 그곳은 일등만 했던 사람들이 모여 있기에 실력 있는 리더로서의 삶도 일등인가를 묻는다면 누구도 그렇다고 대답할 수 없을 것이다. 성적 일등이 실력 면에서까지 일등이라는 것은 아니다. 그것은 일등을 하는 사람들이 전부 다 실력 있는 것은 아니라는 것과도 일치한다. 여전히 우리는 성적은 높은데 실력은 없는 사람으로 왔다. 그런데 중요한 것이 있다. 성적은 높은데 실력이 없으면 어떻게 되는가를 알아야 한다.

얼마 전에 수능 만점 대의 학생들이 다시 서울대에서 시험을 쳤는데 30점짜리가 수두룩하다고 뉴스에 나왔다. 그 중 한 학생에게 '왜 그런 결과가 나왔다고 보느냐?'고 물었더니 학생은 서슴없이 '원리를 모른 채 성적 일변도의 공부만 했기 때문'이라고 대답했다.

하나님의 말씀이 지혜의 근본이며 원리이다. 그 원리를 놓치고 방법과 기술만 익힌다면 하나님의 나라는 황폐해질 것이다. 말씀 안에 지혜와 지식의 근본이 있음에도 불구하고 하나님의 말씀 안에 있는 전인교육의 길보다는 성적 위주의 세상 교육으로 왔기에 지금 우리는 이기주의가 팽배하고 자기중심적인 사고를 벗어나지 못하고 있다. 성경으로 돌아가고 성경 안에서 실력 있는 그리스도인을 배출해 하나님의 나라를 확장해 나가는 싸움을 해야 한다. 망하더라도 말씀을 지키고 말씀의 능력을 신뢰하는 싸움이 있어야겠다.

성경 안에는 실력을 갖게 하는 무궁한 보물들이 있다. 안타깝게도 그것을 공부에 적용하여 세상의 학문을 앞설 수 있는 유대인의 탈무드 같은 교재가 없었다. 참 실력은 어디서 오는가? 그것은 성경의 말씀이다.

성경은 상당히 어려운 책이다. 그 하나님의 말씀을 깊이 묵상하여 주제와 요지를 파악할 수 있는 능력을 꾸준히 키운 자가 논술 시험을 못 본다는 것은 말이 안 되는 이야기이다. 그러나 안타까운 것은 하나님의 말씀이 뒤로 밀리고 있는 시대에 살고 있다는 것이다. 하나님의 교육이 푸대접을 받고 있다. 건성으로 성경 말씀을 듣고 있다는 말이다. 성적! 교회는 안 나와도 공부는 해야 하고 학원과 과외는 보내야 하는 성도들의 모습은 '진정 이 땅에 성경적 교육인 하나님의 교육이 가치가 있는 것일까?' 라는 회의를 들게 한다.

지금 교회는 점점 유년주일학교, 중고등부, 대학부들이 학년이 올라갈수록 줄어가고 있다. 물론 그렇지 않은 교회도 개중에 있다.

왜 줄고 있을까? 그 근본적인 이유는 "세상 교육에 비해 성경의 말씀 교육이 앞서가지 못한다."는 잘못된 인식 때문인지도 모른다. 믿음과 성적과는 아무 상관 없는 것인 양 과외나 학원으로 빼앗겨 버리기에 자녀들이 교회 오는 것은 큰 용기를 필요로 한다.

벨 교육의 특징은 '공부는 공부하는 데 있지 않다.' 는 역설적인 논리이다. 시중에 '영어 공부 절대로 하지 마라.' 라는 영어 교재가 베스트셀러가 된 일이 있다. 영어 공부를 하고 있는 것이 중요한 것이 아니라 영어 공부의 원리를 알아야 된다는 말이다.

공부를 잘하기 위해서는 열심히 하는 것이 중요한 것이 아니라 바른 학습법을 익히고 훈련하는 것이 더 중요하다는 선언은 일반인들에게도 엄청난 도전으로 다가왔다. 이 학습법을 성도들에게 적용하여 성경을 통한 실력 있는 그리스도인을 세우는 구체적인 교육 프로그램이 벨의 5차원 성경적 교육이라 하겠다.

성경의 말씀이 세상의 교육을 압도한다는 것을 확신해야 한다. 학원과 과외를 시키면 다 공부 잘하는 줄 믿어서는 안 된다. 10시간 학원에 가서 있다고 10시간 공부한다고 착각하면 안 된다. 10시간 동안 앉아만 있다가 올 수도 있다. 그곳에서 공부 잘하는 학생은 7, 8시간 듣는 것이고 공부 못하는 학생은 2, 3시간 듣는 것이다.

'실력을 쌓는 것이 성적을 높이는 것보다 더 중요하다.'고 하면 다들 의아하게 생각한다. 학교에서 공부 잘해서 성적이 높아야 실력이 좋은 것 아니냐고 반문한다. 그렇다. 사실은 '실력'과 '성적'은 같아야 한다. 그러나 우리 교육의 현실에서는 그 두 가지 사이에 큰 간격이 있다.

학교 다닐 때의 일이다. 영어 성적은 높았지만 선교사가 교실을 방문하였을 때 나는 무슨 말을 어떻게 해야 될지 한참이나 망설였다. 그런데 내 시험지를 보고 답을 적었던 한 친구는 유창하게 회화를 하는 것이었다. 나는 성적은 높았는지 몰라도 실력은 없었던 것이다.

시험을 통해 영어 성적이 늘 90점 이상의 상위권이었다고 하자. 하지만 막상 이 사람이 외국인들과 만나서 영어로 대화할 기회가 생긴다면 얼마나 유창하게 할 수 있을까? 실제로 한국에서 영어 교육을 받은 사람들 대부분이 대학교까지 졸업하고서도 영어로 이야기를 하지 못한다.

영어를 배우는 이유는 영어 시험을 잘 보고 높은 성적을 얻기 위해서가 아니다. 그것은 그 사람들의 문화와 지식을 배우고 또 그들의 생각을 앎으로써 우리의 생각과 지식의 폭을 넓혀 삶을 기름지게 하기 위한 것이다. 아무리 시험을 잘 보고 성적이 좋아도 외국인과 만나서 몇 마디 대화도 제대로 못하는 사람은 영어 성적은 높을지 몰라도 영어 실력은 없다고 하겠다.

3장 | 실력이란 무엇인가?

 '실력은 자기에게 맡겨진 일을 바르게 잘 처리할 수 있는 능력'이라 정의할 수 있겠다. 이런 실력을 쌓은 사람이 직장 생활을 하면 업무를 더욱 잘 처리할 수 있다. 실력을 쌓은 사람이 과학자가 되어 연구를 하면 과학자로서의 연구를 잘하게 된다. 그러면 같은 논리로 그런 실력을 쌓은 학생이 공부를 하면 어떻게 되겠는가? 물론 공부를 잘하게 되는 것이다.
 성적이 우리의 목적이 되어서는 안 된다. 성적은 실력을 목표로 하고 자기의 가진 바 달란트를 최대한으로 개발하게 되면 부수적으로 따라오게 된다는 것을 잊어서는 안 된다. 앞에서 설명한 것처럼 성적이 아무리 높아도 실력이 없을 수도 있다. 그렇지만 실력을 쌓으면 사회에 나가서 내가 맡은 일을 잘할 뿐더러 학교에서의 성적도 올릴 수 있다.
 지금 이 시대의 아픔은, 말씀 안에 모든 지혜와 지식의 근본이 있음에도 불구하고 성적 위주로 교육해 왔기에 이기주의가 팽배하고 자기중심적인 사고를 벗어나지 못하고 있는 것이다.

성적보다 실력

　최근 대기업에서 신입사원을 채용할 때 이력서에 출신 학교를 적지 못하게 하였다. 그 사람의 간판보다 진짜 실력을 알아보고 뽑겠다는 것이다. 공부하는 목표를 성적 올리는 데만 두지 말고 실력을 쌓는 데 두어야 한다는 것이다.
　안방극장에서 인기리에 방영되었던 '용의 눈물', '태조 왕건', '야인시대'의 작가는 이환경 씨이다. 그는 1950년생으로 인천 주안 초등학교만 간신히 졸업했다. 초등학교 5학년 때 "너는 글짓기를 아주 잘하는구나." 하고 말해준 시인 선생님의 그 말이 삶의 버팀목이 되어 주었다. 학교 문턱이라고는 초등학교가 전부이지만 그는 참으로 실력 있는 작가이다.
　세상에서 말하는 학력 위주의 세상, 어느 대학교를 졸업했느냐로 그 사람의 인격 자체를 판단해 버리는 이 불행한 잣대가 교회에도 그대로 적용이 되고 있다. 박사가 되어야 하고 어느 대학교 대학원에서 박사를 받았는가를 더 중요시하는 이 가치관이 교회에서도 그대로 사용되고 있다는 것은 큰 아픔이다.
　벧엘 강사들의 학력을 기재하지 않는다. 다만 그가 어떤 일을 했으며 지금 무엇을 하고 있느냐를 중요시한다.
　실력 있는 사람을 보면 그 분야의 원리를 알고 있는 사람들이다. 그것은 일류 대학이라는 간판이 만들어 주지 않는다. 무조건 열심히 노력한다고 해서 모두 성적이 쑥쑥 올라가는 것이 아니다. 학생들이 낙심하고 불안해하는 이유는 열심히 해도 성적이 안 올라가는 것 때문일 것이다. '열심히 공부해야 돼. 정신을 집중해야 돼.' 라고 하지만 원리를 잃어버리고 요점만을 정리하는 것은 단기적으로는 성과가 있을지 몰라도 실력 있는 리더가 될 수는 없다.

진정한 실력의 근원지

실력을 갖기 원하여도 성경에서 말하는 진정한 실력의 근원지를 모르기에 우리는 방향을 잃고 헤매는 삶을 살고 있다. 어느 날 기도를 하면 하늘에서 "이것이 실력이다. 받아먹어라." 하면 얼마나 좋겠는가? 그러나 실력은 그렇게 환상을 체험하듯 생기는 것이 아니다.

그리스도인들이 교회에서 하는 교육을 기독교 교육이라고 부른다. 그런데 많은 사람들이 교회 교육을 받으면서도 마음 한구석에 안타까움이 있다. 기독교 교육이 세상 교육에 비해 뒤진다는 이야기를 듣기 때문이다. 그러나 이 말은 근본적으로 불가능한, 그런 생각 자체가 하나님의 능력을 제한하는 것이다. 인간과 자연 세계를 창조하신 하나님이 우리를 가장 잘 아시기에 하나님이 주신 성경적 교육은 또한 우리에게 가장 알맞은 것이고 가장 뛰어난 것임을 의심치 않아야 한다. 진정한 기독교 교육은 하나님이 말씀하신 대로 하는 것이고 그 지침은 바로 성경에 있다.

실력을 쌓는 것이 성적에 집착하는 것보다 중요하다는 말에 공감을 하더라도 곧바로 이것을 적용할 수 없는 이유는, 이렇게 하는 것이 현실에 맞지 않아 자기 아이들만 손해를 볼지 모른다는 우려와, 또 그렇게 하고 싶더라도 실력을 높일 수 있는 방법이 과연 있는가 하는 의문 때문이다. 그 의문을 풀 수 있는 방법은 달란트를 최대로 발휘할 수 있는 능력을 계발시키는 것이다.

자녀들을 교육시키는 중요한 이유 중에 하나는 그들이 태어날 때부터 가진 능력과 적성, 즉 달란트를 최대로 발휘케 하여 만족감을 가지고 사회생활을 할 수 있도록 하기 위한 것임을 잊어서는 안 된다. 그러면 어떻게 우리가 달란트를 최대로 발휘할 수 있을까?

4장 | 원리 중심의 공부

원리 중심의 교육이란 성경에서 말하는 하나님의 말씀을 기본으로 하라는 것이다. 예수님은 제자들을 선택하실 때 시험성적으로 뽑지 않으셨다. 오히려 그들은 대부분 형편없는 직업의 종사자들이었다. 그러나 그들은 하나님의 지혜로 충만함을 얻은 후에 세계를 뒤집는 사람들이 되었다. 사도행전에는 "그들의 서슴없이 말하는 것을 보고 그 본래 학문 없는 범인으로 알았다가 이상히 여겼다"(사도행전 4:13)는 대목이 있다.

하나님의 말씀은 모든 교육의 원리인데 이 교육의 포커스는 실력 있는 리더가 되게 하는 데에 있다. 성경에서는 예수님을 따랐던 사람들의 변화를 추적하면서 분명히 제시하고 있는 것이 있다. 그것은 평범한 사람들도 무한한 가능성이 있다는 것을 보여준 것이다. 그런데 중요한 것은 받았다고 해서 실력 있는 리더가 되는 것은 아니다. 은혜를 아무리 받았다 하더라도 원리를 모르면 실력 있는 리더가 되기는 힘들다.

나는 몇 년 전부터 배드민턴을 치고 있다. 예전에도 많이 쳤지만 중요한 것은 동네에서 내 맘대로 쳤다는 것이다. 그러나 그것은 정식으로 코치한테 배울 때는 아무 도움이 안 된다. 아니 도움이 안 될 뿐만 아니라 도리어 장애가 될 수도 있다.

　배드민턴은 동네에서 재미로 칠 수 있다. 오는 대로 받아치면 된다. 그러나 그렇게 오래 치면 어느 수준까지는 갈 수 있으나 더 이상 늘지 않고 힘만 들게 된다. 아무리 오래, 열심히 쳤다고 하여도 선수들처럼 배드민턴에 능통한 사람들로부터 기본기와 원리를 배우고 그들의 자세를 배워 부단하게 연습한 사람들보다 더 잘 치기는 어렵다. 왜냐하면 선수들은 신체의 조건, 라켓의 특성, 구질 등 종합적 요소를 고려하여 최대의 실력을 발휘할 수 있도록 체계적으로 연습하기 때문이다. 그러므로 배드민턴을 잘 치기 위해서는 얼마나 열심히 연습하느냐에 앞서서 얼마나 효과적이고 체계적인 운동방법과 자세를 배우느냐가 더 중요한 것이다.

　공부도 마찬가지의 원리가 적용된다. 학교에서 배우는 학과목들은 각각 고유의 특성을 가질 뿐 아니라 공통성을 가지고 있으며 각 과목마다 학습원리가 있다. 따라서 학문의 원리를 이해하고 이에 따른 체계적인 학습법을 정립해서 활용하면 수학능력을 크게 향상시킬 수 있다. 더구나 이런 효과적 학습법의 훈련을 통해 자신의 능력을 최대한까지 개발할 수 있는 것이다. 이렇게 체계화된 학습법은 결과적으로 학교 성적을 올리는 데도 많은 도움이 되지만, 그보다 더 큰 이점은 자기에게 부딪히는 여러 문제들을 효과적으로 처리할 수 있는 능력을 길러 준다. 즉 교회와 삶의 현장에서 실력을 쌓는 데 직접 도움을 준다는 것이다. 그리고 학교 성적에 얽매이지 않고 앞으로 자신이 속할 각 분야에서 능력을 발휘해 자존심을 갖고 행복하게 살 수 있게 되는 것이다.

성경의 교육은 원리이다.

성경적 교육은 성적과는 상관이 없는 듯하지만 하나님의 말씀을 존중히 여기는 자를 실력 있게 만드는 5차원 요소를 충분히 갖출 수 있다.

바울은 디모데에게 이렇게 권고하고 있다.

> 모든 성경은 하나님의 감동으로 된 것으로 교훈과 책망과 바르게 함과 의로 교육하기에 유익하니 이는 하나님의 사람으로 온전케 하며 모든 선한 일을 행하기에 온전케 하려 함이니라 (디모데후서 3:16 ~ 17)

유대인들의 교육은 성경적이며 전혀 성적과는 상관이 없는 것 같은 교육이다. 하나님의 말씀을 외우고 그 말씀을 따라 묵상하고 느낀 바를 발표하고 삶에 어떻게 적용하며 살 것인가에 많은 시간을 할애한다.

그러나 아무리 원리가 좋더라도 그런 원리를 뒷받침해 줄 방법이 없다면 소용이 없다. 벨 교육은 자신의 실력을 최대로 올려 줄 수 있는 체계적인 지혜와 능력을 성경에서 찾는다. 그러나 아무리 좋은 보화를 가지고 있다고 하더라도 그 보화를 캐낼 수 있는 방법을 모른다면 그것도 답답한 일이다. 마치 동굴 속에 보화가 감추어 있는데 그 동굴의 문을 열 수 있는 도구를 찾지 못한 것과도 같다.

벨은 성경 안에서 그 보화를 캐낼 수 있는 구체적인 방법을 이제 제시하고자 한다. 우리가 구체적으로 제시하는 성경의 교육방법은 어디에 근거하고 있을까? 그것을 하나님의 명령에서 찾고자 한다.

자신의 능력을 극대화하는 3가지 원리

▶ 제 1원리 : 올바른 방법을 알아야 한다. —방법론의 전환
열심히만 한다고 실력을 향상시킬 수 있는 것은 아니다. 어떤 일을 하든지 적합한 방법과 원리를 구체적으로 알아야 잘 할 수 있다.

나는 교회를 다닐 때부터 탁구를 치기 시작했다. 그렇기에 누구한테 구체적으로 배워 본 적이 없다.
어느 날 탁구장에 갔을 때의 일이다. 그곳에서 아주 조그만 학생이 아버지로부터 코치를 받고 있었다. 초등학교 대전 대표라고 하는 이 4학년 선수는 기본기가 제대로 되어 있는 듯하였다. 그래서 게임을 한 번 하자고 먼저 제안을 하였다. 첫 세트에서 21대 4로 형편없이 깨졌고 두 번째 세트도 마찬가지로 21:5로 질 수밖에 없었다.

여기에서 답을 한 번 찾아보자. 내가 그 날 이후로 모든 것을 포기하고 몇 개월 동안 잠도 안 자가면서 혼자 탁구를 친 후에 다시 게임을 한다면 이길 수 있을까? 그렇지 않다. 왜 그런가 하면 기본기를 익힌 사람과 기본기가 없이 열심히만 친 사람은 다르기 때문이다. 어느 정도까지는 따라 갈 수 있을지 몰라도 이후에는 올바른 방법을 가지고 겨루는 사람에게는 도저히 따를 수 없는 것이다. 즉 열심히만 친다고 되는 것이 아니라 올바른 방법을 터득하는 것이 중요하다는 말이다.

▶ 제 2원리 : 다면적인 접근이어야 한다
인간은 심력, 지력, 체력, 자기관리 능력, 인간관계 등 다양한 요소로 구성되어 있는데 이 가운데 어느 한 가지가 약하면 다른 것들도 영향을 받아서 인간 전체의 능력을 제약시키게 된다. 그것을 과학적

으로 잘 설명하고 있는 것이 리비히의 '최소량의 법칙' 사례이다.

　다섯 조각으로 엮어진 나무 물통에 어느 한 부분이 새면 그 한 부분으로 전체의 물이 흐를 수밖에 없다. 그러기에 지적인 힘은 있지만 심력이 약하거나, 심력이 있는데 지적인 힘이 약하면 그 한 부분이 부러진 곳까지만 물이 채워지는 것이다.

　교육에 있어서도 같은 원리가 적용될 수 있다. 인간을 구성하고 있는 근본적인 요소들이 있다. 물통의 나무 조각 같은 것이다. 인간은 다양한 요소로 구성되어 있는데 이 가운데 어느 한 가지가 약하면 그것만 약한 것으로 끝나는 것이 아니라 다른 것들도 영향을 받아서 전체의 능력을 약화시킨다. 그러기에 교육을 통해 골고루 개발시키지 않으면 실력 있는 리더를 기대하기 힘들 것이다.

▶ 제 3원리 : 구체적인 커리큘럼이 있어야 한다.

　어떤 원론적인 내용들이 정립되었다 하더라도 활용되기 위해서는 그것을 실천할 수 있는 구체적인 방법들이 있어야 한다. 앞에서 언급한 원리들이 아무리 좋고 충분히 공감한다 해도 그 원리를 이룰 수 있는 커리큘럼(교육과정)이 없으면 공허한 외침밖에 되지 않는다. 믿음으로 행하면 된다고 이야기하지만 무엇을 가지고 어떻게 할까 물으면 생각해 보자고 할 때가 많다. 성경적인 교육이 하나님이 주신 이 세상의 위대한 선물이지만 그 선물 보따리를 구체적으로 풀 수 있는 프로그램을 가져야 그 힘을 기를 수 있는 것이다.

　예수님께서도 이 세상에서 사역을 하실 때 세 가지를 염두에 두신 것을 알 수 있다. 두루 다니시며 가르치셨고 그 가르침을 전파하셨다. 몸소 실천하신 것이다. 또한 고치셨다.(마 4:23) 그런 구체적인 프로그램이 없으면 효과적인 교육을 기대할 수 없다.

제4부 벨 5차원 학습법의 5가지 요소란?

1장 마음의 힘

2장 지혜의 힘

3장 체력

4장 자기관리능력

5장 인간관계

현 사회가 직면한 심각한 문제 중 하나가 바로 리더십의 위기이다. 사실 진정한 리더가 없는 우리 사회는 "당신이 제시하는 것이라면 무조건 믿고 따르고 싶다."라고 말할 만한 리더를 몹시 그리워하고 있다. 그런데 비단 이것은 우리만의 이야기는 아니다. 200년 전 인구 약 300만 명으로 위대한 나라를 건설한 제퍼슨, 워싱턴, 프랭클린 등 진정한 리더들이 가고 없는 미국도 요즈음 그들의 리더십을 아쉬워하고 있는 실정이며 이는 세계적인 추세다. 예수님께서도 리더십의 부족을 한탄하셨다.

lead라는 말의 의미가 listen(듣고), explain(설명해주고), assist(도와주고), discuss(상의하는)의 머리말이 모여서 이루어진 것이라고 한다. 그렇다면 leader의 의미는 거기에 더해서 everything(뭐든지), responsible(책임을 진다)라고 하면 되지 않을까?

리더란 어떤 자인가? 여러 가지 정의가 있지만 한 사람이 다른 사람에게 영향을 주어서 그 사람들을 움직이게 할 수 있는 능력이 있는 사람이다. 또 목표를 설정해 놓고 많은 사람을 그 목적을 향해서 가도록 움직이는 사람을 말하기도 한다. 리더란 다른 사람을 데려다가 그 사람들이 하고 싶지 않은 일을 시킬 수 있는 사람, 또는 다른 사람들이 싫은 일을 좋아하도록 만드는 사람인 것이다.

중국에 이런 이야기가 있다. 세 종류의 사람이 있는데, 첫째는 사람을 움직일 수 있는 사람, 둘째는 사람을 움직일 수 없는 사람, 셋째는 그 두 종류의 사람을 다 움직이는 사람이라는 이야기이다. 안 움직이려는 사람도 움직이게 할 수 있는 사람이 리더란 말이다.

리더십(Leadership)의 어원에는 '가다' 라는 뜻이 포함되어 있다. 리더십은 정지가 아니라 움직임이며, 가고자 하는 목표가 있는 아주 동적인 개념임을 알 수 있다. 결국 리더십이란 조직체의 목표를 성취하기 위하여 사람들을 격려하고 자극하여 그들의 잠재력을 최대한으로 발휘하게 하는 능력이다. 그렇다면 리더십은 과연 선천적으로 타고나는 것일까? 아니면 경험이나 노력을 통해서 후천적으로 형성되는 것일까?

리더십은 선천적으로 타고 나는 것이 아니다. 사람마다 조금씩 재능의 차이는 있으나 후천적인 노력보다 더 중요한 요소는 없다. 예술이나 스포츠 분야와는 달리, 리더십은 의식적인 노력을 통해서도 얼마든지 계발이 가능하다.

벨에서는 실력 있는 리더를 키우기 위해 인간의 한 부분만을 교육시키고 개발하는 것이 아니라 심력, 체력, 지력, 자기관리, 인간관계 등 인간의 본질적인 다섯 가지 요소를 전면적(全面的)인 하나님의 말씀으로 교육한다.

마가복음 12장 28절 이하에 보면 한 유대인이 예수님께 찾아와 질문을 한다. 그것은 유대인의 율법이 수백 가지가 되는데 이 모든 계명 중에서 첫째 되는 것이 무엇이냐는 내용이다.

이때 예수님이 신명기 6장 5절 말씀을 인용하시면서 "첫째는 이것이니 이스라엘아 들으라 주 곧 우리 하나님은 유일한 주시라 네 마음을 다하고 목숨을 다하고 뜻을 다하고 힘을 다하여 주 너의 하나님을 사랑하라 하신 것이요 둘째는 이것이니 네 이웃을 네 몸과 같이 사랑하라 하신 것이라 이에서 더 큰 계명이 없느니라"고 대답하셨다. 이 말씀을 듣던 서기관이 "옳습니다. 마음을 다하고 지혜를 다하고 힘을 다하여 하나님을 사랑하는 것과 또 이웃을 내 몸과 같이 사랑하는 것이 전체로 드리는 모든 번제물과 기타 제물보다 나으니이다"(마가복음 12장 32~33절)라고 말한다.

여기서 우리가 달란트를 최대한 발휘하기 위한 인간의 다섯 가지 요소(factor)를 찾을 수 있다. 마가복음 12장 32~33절의 영어 성경을 보면 쉽게 알 수 있다.

> Well said, teacher," the man replied. "You are right in saying that God is one and there is no other but him. To love him with all your heart, with all your understanding and with all your strength, and to love your neighbor as yourself is more important than all burnt offerings and sacrifices.

  이 말씀 안에 인간의 중요한 다섯 가지 요소를 가르치고 있다. 마음(heart), 지혜(understanding), 힘(strength), 자신을 사랑하는 것과 같이(자기관리 ; self-management), 이웃을 사랑(인간관계 ; human relationships)하는 것이다. 즉 우리는 이 다섯 가지 요소를 다 동원하여 전면적(全面的)으로, 전인적(全人的)인 힘으로 하나님을 사랑하고 이웃을 사랑해야 한다는 것이다. 그러기 위해서는 내게 주어진 다섯 가지 요소의 달란트를 최대한으로 개발시키고 발휘하여 이웃을 사랑하고, 진리 안에서 마지막 날까지 깨어 있어야 한다는 것을 잊어서는 안 된다.
  벨 교육을 통해서 누누이 강조하고 있는 것은 어떻게 하면 성적을 높일 것인가의 접근이 아니다. 벨 교육은 성경적인 실력 있는 리더가 어떻게 만들어지는가를 구체적으로 교육하고 있다. 즉 실력 있는 리더로 어떻게 세워 갈 것인가를 교육하는 믿음의 현장이다.

1장 | 마음의 힘(心力 : Heart)

　마음의 힘을 갖는 것이 공부하는 것과 무슨 관계가 있는 것인가 의아해 하는 사람이 있을지도 모른다. 그러나 벨 교육은 진정한 리더의 자질을 익혀 나갈 때 공부의 문제는 함께 따라 갈 수 있음을 확인할 수 있었다. 그러기에 공부를 잘하는 것과 마음의 힘이 강한 것과는 상당히 긴밀한 관계가 있다는 것을 알았다.

　모세가 죽은 후에 하나님께서 여호수아에게 제일 먼저 강조한 것은 바로 마음의 힘이었다. "네 마음을 강하게 하라 담대히 하라 내가 너와 함께 함이니라"라고 하신 말씀에 잘 나타나 있다. 새로운 정부가 들어서고 정권이 바뀌는 중요한 시기에 하나님이 하실 말씀이 얼마나 많으실까? 그러나 여호수아에게 내각을 잘 만들 것을 요구하지 않으셨고, 또한 전략에 대한 문제, 경제 문제, 참모들의 선별 문제를 논하지 않았다. 오직 마음을 강하고 담대히 하라고 말씀하셨다.

　조그만 일에도 잘 삐지고 수용하지 못하는 연약한 마음에서는 강한 힘이 나올 수 없다. 그것은 성적이 높다는 것과도 별개이다.

　사람이 사물을 보는 두 가지의 관점이 있다. 비관적이며 소극적으로 볼 수도 있고, 낙관적이며 긍정적으로 볼 수도 있다. 그러나 리더는 언제나 긍정적인 면을 보며, 마음이 약한 사람은 자신도 모르게 부정적인 면을 본다. 그러므로 모두 다 부정적일 때 그들에게 긍정적인 모습을 보여 주면 큰 희망이 될 수 있는 것이다.

로마로 가는 배에 죄수의 몸으로 끌려가는 바울이 있었다. 그런 암울한 상황에서도 그는 하나님이 주시는 가능성을 보았고 마음에 담대함이 있었다. "이제는 안심하라."는 말은 얼마나 담대한 언어인가? 그 담대한 힘은 오직 섭리의 시각을 가진 자만이 가질 수 있는 특권이요, 은혜이다.

> 우리가 알거니와 하나님을 사랑하는 자 곧 그 뜻대로 부르심을 입은 자들에게는 모든 것이 합력하여 선을 이루느니라 (로마서 8:28)

그러기에 주님은 우리에게 "항상 기뻐하라, 범사에 감사하라, 쉬지 말고 기도하라"고 한 것이다.

리더는 자기 자신에 대하여 긍정적인 이미지를 잃지 않아야 한다. 자기를 드러내거나 교만하라는 것이 아니다. 긍정적인 이미지는 곧 자기의 모습 그대로, 즉 하나님께서 내게 주신 모든 것을 다 감사하는 것이다. 생김새나 지능, 기능, 가족, 아이, 부모님, 학교, 교회에 대해서 하나님께서 우리에게 주신 것은 얼마나 많은가?

열등의식은 남과 비교할 때 생기는 것이다. 그러나 우리는 누구와도 비교할 필요가 없다. 왜냐하면 하나님께서 친히 만드신 그분의 걸작품이기 때문이다. 하나님은 절대 실수가 없으신 분이심을 믿는다면 '저 사람에 비하면 나는 왜 이렇게 부족할까?' 하는 생각을 가져서는 안 된다. 자신에 대해서 강한 자신감을 가진 사람만이 진정한 리더가 될 수 있다.

우리가 본받아야 할 마음이 있다

> 너희 안에 이 마음을 품으라 곧 그리스도 예수의 마음이니 그는 근본 하나님의 본체시나 하나님과 동등됨을 취할 것으로 여기지 아니하시고 오히려 자기를 비어 종의 형체를 가져 사람들과 같이 되었고 사람의 모양으로 나타나셨으매 자기를 낮추시고 죽기까지 복종하셨으니 곧 십자가에 죽으심이라 (빌립보서 2:5 ~ 8)

우리가 본받아야 할 그리스도의 마음은 무엇인가? 이 땅에서 부요하거나 출세하는 것이 아니다. 오히려 예수님은 하나님의 본체이시나 하나님과 동등됨을 취하지 않고 자기를 비어 종의 형체, 즉 남을 섬기는 마음을 가지셨고 자기를 낮추시고 죽기까지 복종하셨다. 이 시대의 리더로서 품을 마음은 이와 같은 그리스도 예수님의 마음이다. 그 마음이 우리를 강하게 하는 것이다.

우리의 생각과 고집을 비우라. 세상은 서로를 경쟁시키고 잘났다 못났다 하며 크게 싸움을 벌인다. 그러나 우리의 싸움은 종의 형체를 감수해야 한다. 오히려 섬김의 자리이다. 그 빈 자리를 십자가로 채워야 하는 것이다.

예수님은 우리가 어떻게 싸울 것인가를 보여 주셨다. 십자가의 죽음이다. 지금 자녀들이 공부를 잘하는 것보다 더 중요한 것은 십자가를 지고 갈 수 있는 힘이 있는가, 자녀들 마음에 예수님의 마음이 있는가 하는 것이다.

'종이 되었다. 자기를 비웠다. 욕심을 부리지 않았다. 남을 섬기는 마음을 가졌다. 자기를 낮췄다.' 이 모두가 겸손함이다. 그 겸손함은 나보다 남을 낮게 여기는 것이다. 그런 십자가 정신은 가장 중요하게 다루고 가르쳐야 할 과목이다. 돈 내고 과외와 학원으로 열심히 다녀 성적은 오를지 몰라도 이 마음의 교육을 누가 가르칠 수 있을까? 하나님의 말씀으로만 변화시킬 수 있다. 그러기에 우리가 신앙을 포기하면 안 된다는 것이다. 하나님께 붙잡힌 바 되면 이 세상을 압도할 수 있는 리더가 될 수 있다.

예수님이 게네사렛 호숫가에서 시몬이 그물을 씻고 있을 때 찾아오신 것을 기억해 보라. 하나님께서는 우리 마음이 한없이 가난해졌을 때 오히려 우리의 마음이 가장 강할 수 있는 기회라고 보시는 것이다. 하나님이 쓰시기에 가장 적합한 찬스라는 사실이다.

신앙은 암기하고 머리에 입력시켜 성적 높이는 싸움이 아니다. 도덕 성적을 높이는 것이 아니라 예수님의 마음을 가지고 살아가고 있는가를 진단하여야 한다. 성경에서는 성적은 높은데 자기중심적이고 자기만 아는 자들을 결코 실력자라고 말하지 않는다. 공부보다 더 중요한 것은 그들의 마음이 긍정적이며 하나님의 마음으로 남을 섬길 수 있는가에 있다. 벨 교육을 터득해서 성적 위주의 학습 방법만을 얻으려고 한다면 더 위험할 것이다.

벨 교육은 어느 누구 한 사람의 노력만으로도 가능한 일이 아니다. 지금 이 시대의 자녀들은 심력이 얼마나 약한지 모른다. 자기 홀로 서는 것이 어렵다. 오직 부모만이 의지의 대상이다.

우리 주변에는 더러 공부를 하지 않아도 성적이 높은 학생들이 있다. 집에서는 공부하지도 않는 것 같은데 머리가 비상해서인지 시험 성적은 좋은 학생들이 가끔씩 있다. 비록 공부를 하지 않아도 성적이 높을 수는 있지만 하나님도 모르고 부모도 모르면서 성적만 높다면 더 큰 문제이다.

하나님은 서울대학교를 나온 사람을 쓰시는 분이 아니시다. 제자들을 부르실 때도 예수님은 일류대 순서로 부르지 않으셨다. 그들은 보잘것없는 어부에 불과했다. 그러나 성령의 임재하심을 체험한 이후 그들은 세계를 변화시킬 수 있는 힘을 지녔던 진정한 리더였음을 기억하여야 한다.

단숨에 뛰어 가려고 하면 안 된다. 늦더라도 바르게 가야 한다. 늦더라도 하나님의 마음에 합한 자로 살아야 한다. 그래야 하나님이 그를 쓰시는 것이다.

실력 있는 리더는 마음의 힘이 강한 사람이다. 다윗과 같은 사람이다. 그는 진정 마음의 힘이 강한 사람이었다. 골리앗의 외침 속에서도 그는 두려워하지 않았다. 그 골리앗의 외침보다도 더 든든한 하나님의 마음을 그가 소유하고 있었기 때문이었다.

이런 강한 마음의 힘을 가진 자를 실력 있는 리더라고 할 수 있다. 그럼 이 마음의 힘을 세우기 위한 구체적인 방법을 살펴보도록 하자.

생의 목표의식 확립

마음의 힘이 강하다는 것은 생의 목표의식이 확립되었다는 것이다. 자기의 꿈도 그리지 못하고 목표가 분명하지 않은 친구들이 많다. 마음의 상처가 있으면 분명한 목표의식을 가지는 것이 생각보다 쉽지가 않다.

군대를 갔다가 다시 복학한 학생들을 복학생이라고 한다. 대부분 복학생들이 공부를 잘한다. 그것은 군에 가면 과외공부를 시키기 때문이 아니라 고된 훈련을 받고 나서 인생의 철이 들기 때문이다. 부모가 먹을 것 먹지 않고 쓸 것 쓰지 않고 등록금 내어주면 학교에 가서 분명한 목표를 세우고 공부하는 것이 아니라 그동안 공부하느라고 수고했으니 놀자는 식으로 나가는 경우가 예상 외로 많다. 그런데 군에 갔다 오면 인생의 분명한 목표가 생기는 것이다. "아! 내가 이렇게 살아서는 안 되겠다. 나중에 직장도 못 들어가겠고 결혼도 못하겠구나."라고 생각해서 도서관에 가서 열심히 공부하기 때문이다. 분명한 목표의식이 생긴 것이다. 그러면 실력이 향상되는 것이다.

운동선수들이 예수님을 믿으면 참 돈독한 경우가 있다. 축구 선수들은 골을 넣으면 모두가 주저앉아 기도를 하기도 한다. 그 모습을 보면서 많은 젊은이들이 도전을 받는다. 왜 그런 현상이 일어날까? 하나님이 운동선수, 돈 많이 버는 선수들에게는 관심이 있는 것일까? 그러기에 그들은 믿음이 좋은 것일까? 아니다. 고된 훈련 속에 인생의 철이 들기 때문이다. 마음의 힘을 가진 자는 분명한 목표의식을 지니고 그 목표를 향하여 전진할 수 있는 힘을 가진 사람들이다. 인생에 철든 사람들이다.

이스라엘 백성들은 분명한 목표가 있었다. 그것은 가나안에 대한 철두철미한 목표였다. 그래서 죽음의 현장에서도, 고난의 자리에서도 굴하지 않았다. 자녀들이 성경 안에서 변하지 않는 생의 분명한 목표를 하나님 안에 두고 산다면 이 사람은 하나님께서 리더가 될 수 있도록 마음의 힘을 주실 것이다.

하나님이 쓰시는 사람은 영특한 사람이 아니다. 오히려 그 반대이시다. 하나님은 다 부수어 놓고 다시 재조립해서 쓰시는 분이시다. 모세를 그렇게 쓰셨다. 혈기 왕성하거나 최고의 학문을 익혔을 때 부르지 않으셨다. 미디안 광야에서 자신의 혈기도 사라지고 분노도 사라지고 이제 할아버지가 되어 아무것도 할 수 없다고 할 때 부르셨다. 그래서 모세가 하나님의 부름에 대하여 몇 번을 거절하였다. 자신은 갈 만한 형편도 못 되고 능력도 못 된다고 하소연하였다. 그러기에 보낼 만한 자를 보내 달라고 하였다. 그러나 하나님은 그 요구에 응답하지 않고 모세가 순종하기를 바라셨다. 그리고 그때 하나님은 그를 선택하여 애굽으로 보내셨다.

마음의 힘은 자신이 모든 것을 할 수 있다는 의지적인 강함이 아니다. 오히려 자신의 약함을 온전히 깨닫는 것이다. 그래야 하나님은 그를 쓰실 수 있기 때문이다. 그 마음의 힘은 가나안이라는 하나님의 목표를 분명히 세우게 했다. 이스라엘을 구출하여 내라는 분명한 목표의식을 얻게 했다.

우리가 가장 위기로 느껴야 하는 것은 목표를 잃어 버려 가야 할 길을 놓치는 것이다. 마태복음 14장에서 오병이어의 사건을 보자. 떡 다섯 개와 물고기 두 마리로 오천 명을 먹이고 거둔 바구니가 12개였다. 제자들이 그것을 보고 감격에 사로잡혀 있었다. 가룟 유다나 빌립처럼 머리가 빨리 돌아가는 친구는 예수님 제과점 전국 체인점을 하면 갑부가 될 수 있는 것이 아닌가 하는 생각도 들었을 것이다. 지금이 바로 돈을 벌 수 있는 찬스라고 느꼈을 수도 있다. 마태복음 14장 21절에 빵 이야기는 이렇게 끝난다. 먹은 사람은 여자와 아이 외에 오천 명이나 되었더라. 바로 그 다음절은 22절이다.

> 예수께서 즉시 제자들을 재촉하사 자기가 무리를 보내는 동안에 배를 타고 앞서 건너편으로 가게 하시고 (마태복음 14:22)

이 부분을 주목해야 한다. 즉시 재촉하셨다. 그리고 직접 사람들을 흩어 보내시고 앞서 건너편으로 가게 하신 것이다. 제자들이 목표를 잃어버리고 빵장사 하려는 것을 보셨기 때문이다.

예수님이 목표를 설정하고 너희들을 빵장사 하라고 부른 것이 아니라고 해도 떠나지도 않고 계속 머물려고 하는 악함이 우리에게 있다. 그러기에 우리는 우리의 후대들에게 가나안에 대한 투자보다는 이 땅에서 어떻게 잘 먹고 잘 살 수 있는가에 대한 투자를 하고 있는 것이다.

가야 할 목표가 변한 것이다. 우리의 진정한 목표는 이 세상에서 성경적인 교육을 포기하면서까지 성적 위주의 교육을 하라는 것이 아니다. 목표가 분명하지 않으면 우리는 가야 할 길을 잃고 헤매게 되어 있다. 우리의 목표는 하나님의 나라이다. 그 길을 우리도 가고 후대도 따라와야 한다. 세상의 것이 아무리 화려하고 좋은 것이라도 천국에 대한 목표를 상실하면 하나님이 쓰시는 리더로서의 자질은 상실한 것이다.

중요한 것은 마음의 힘이 약하여지면 목표의식이 점점 희미해진다는 것이다. 삶의 목표가 없는 아이가 공부를 안 해도 성적이 높을 수 있다고 할 수 있겠는가? 별로 없을 것이다.

비전과 분명한 목표 의식을 갖지 않으면 리더로서의 삶이 힘들 것이다. 하나님도 모르고, 부모가 무엇이라고 하면 큰소리 치고 대드는 자녀들 중에 성적만 높게 나타나는 아이들이 있으면 더 큰 위기로 보아야 한다는 사실을 되새겨야 한다.

어떻게 생의 분명한 목표의식을 세워갈 수 있을까? 철든 아이로 어떻게 세울 수 있을까? 그것은 고된 훈련을 통해서 생의 자신감을 갖게 하는 것이 중요하다.

벨 교육본부에서는 매년 해외 리더십학교를 개최하고 있다. 고구려 땅인 중국 하일라 지역으로 데리고 가기도 하고 용정과 백두산, 북경으로 데리고 가기도 한다. 한 마디로 유격 훈련을 시키려고 갔다. 아이들이 너무 약하고 자기중심적이라 하나님에 대한 뜨거운 마음이 없고 감사가 없기에 그 현장을 통해서 훈련을 받는 것이다. 그래서 선조들이 벌판에서 말 타고 달렸던 그 기백을 찾고 선교적인 열정이 다시 살아 날 것을 기도하며 가는 것이다. 그 고난의 현장에서 그들은 함께 돕고 살아가는 것이 무엇인가를 얻게 되었다. 남을 돕는다는 것이 곧 자기를 돕는 것이라는 사실과, 섬김의 사역이 섬김을 받는 사역보다 얼마나 더 귀한 것인가를 느끼게 된 것이다.

놀라운 것은 그렇게 힘들게 고생하며 훈련을 받았음에도 불구하고 그 황무한 땅에 다시 선교사로 오겠다고 다짐한 아이들만 40명이 넘었다. 후에 이들의 공부 결과를 보면 분명한 목표 없이 성적 높이기에 급급했던 때보다 실력이 향상되었다는 것이다. 전보다 스스로 공부할 수 있는 능력과 분명한 목표의식 속에 자신이 무엇 때문에 공부해야 하는가를 알게 되는 것이다. 좋은 대학을 들어가려는 것이 목표가 아니라 하나님의 사람으로서 실력 있는 자로 세상을 압도할 수 있는 힘을 자녀들에게 제시하고 가르쳐야 한다.

풍부한 정서력

마음의 힘은 정서의 풍부함에서 온다. 정서란 국어사전에 '사물에 부딪쳐서 일어나는 여러 가지 감정, 생각에 따라 일어나는 현상'이라고 쓰여 있다.

마음이 깨어진 아이들은 자기의 감정을 제대로 가늠할 수 없다. 마음이 깨어진 아이들은 절대로 정서력이 풍부할 수 없다. 깨어진 마음에서는 아름다움이 아름답게 들리지 않고 소음으로 들리기 때문이다. 우리가 노벨상 수상자들을 배출하지 못하는 이유를 정서가 부족하기 때문이라고 여기는 학자들도 있다. 정서력은 우리의 내면을 참으로 순수하게 한다.

하나님의 사람 다윗도 시간이 나면 늘 하프를 켰다. 그는 악기를 잘 다루는 사람으로 왕 앞에서 연주까지 할 정도로 천부적인 재능을 가지고 있었다. 고난 중에 우리를 넉넉히 세울 수 있는 시편은 정서력을 풍부하게 갖춘 다윗의 진정한 힘이었다.

음악을 한다는 것은 우리를 참으로 풍요롭게 하고 정서에 상당한 도움을 준다. 오른쪽 뇌가 왼쪽 뇌를 지배한다는 것이 밝혀지고 있다. 오른쪽 뇌의 활성화가 창의력을 극대화하는 데 중요하다는 것은 분명한 사실이며 오른쪽 뇌를 활성화하는 방법 중의 하나는 예능활동이라는 것이다. 그러므로 정서를 풍부하게 하기 위해서는 여행과 좋은 음악 그리고 악기를 다루는 것이 좋다. 이른 아침에 좋은 클래식 음악이나 잔잔한 복음성가를 통해 고요하게 마음의 힘을 키우는 것이 큰 도움이 된다. 그러기에 태교음악이 중요하다고 하는 것이다.

벨 5차원 교육을 현장에 그대로 적용하고 있는 세인고등학교 명예 교장 원동연 박사는 제일 중요한 과목을 음악으로 생각하고 가르쳤다고 한다. 그만큼 정서의 힘은 우리 마음의 힘을 맑고 깨끗하게 하는 보이지 않는 힘을 가지고 있기 때문이다. 악기를 못 다루는 사람은 하모니카라도 불 수 있어야 한다.

현재의 교육 현장은 음악을 일주일에 한 시간이나 많으면 두 시간 정도 배우는 것으로 충분하다고 생각한다. 그러나 그렇지 않다. 요즘 인터넷 게임과 매스컴은 우리의 정서를 황폐하게 만들어 간다. 그러기에 자녀들이 사춘기가 되면 착한 아이들조차 마음이 삭막해지는 경우가 허다한 것이다. 음악을 듣고 악기를 다룰 수 있는 것은 우리의 마음을 넉넉하게 한다.

언젠가 캐나다에 갔을 때 로키 산의 그 엄청난 광경을 보고도 오히려 귀찮다고 차에서 내리기를 거부하는 아들을 안타까워하는 어머니를 본 적이 있다. 자신은 피곤하기에 감동이 안 된다는 것이 차에서 내리지 않는 이유이다.

아름다움이 아름다움으로 보이지 않고 기쁨이 기쁨으로 여겨지지 않는 반응력이 없는 아이들의 대부분은 정서력이 바닥나 있는 상태이다. 그런 아이들은 마음이 부정적이고 자기중심적일 수밖에 없다. 그러기에 이런 아이들을 위해서는 정서력을 치유할 수 있는 은은한 노력이 필요하다.

　우리가 왜 성경적인 교육을 해야 하는가? 누가 이 강퍅하고 깨어진 마음을 부드럽게 바꿀 수 있을까? 누가 마음을 주장하고 계시는가?

　사울의 마음을 바꾸신 하나님이 우리의 마음도 바꿀 수 있다. 성령의 충만함을 힘입으면 하나님이 그 자녀를 바꾸시기 때문이다. 그러기에 우리가 성경교육을 포기할 수 없는 것이다.

남 중심의 삶

　공부하는 이유, 일하는 이유는 나 자신을 포함한 가정과 사회와 민족, 더 나아가 인류를 위한 것이 되어야 한다. 이런 생각을 갖게 된다면 자신의 삶에 강한 책임감과 의지를 갖게 될 것이다.

　남 중심의 삶을 산다는 것이 왜 실력 있는 리더의 자질을 갖추는 데에 필요한 것일까? 남을 배려하지 못하는 자기중심의 사고를 가진 자는 성적은 높을지 몰라도 하나님이 쓰시는 리더로서는 부족하기 때문이다. 그러나 남을 위하여 살아간다는 투철한 마음의 힘을 가진 자는 스스로 공부할 수 있는 힘을 지니기에 진정한 실력자가 되는 것이다.

　어느 분이 자녀를 열심히 공부시키기 위해서 몇십만 원씩 들여 한 2년간 과외를 시켰다. 한 번은 급한 전화가 와서 받았더니 그분이었다. 나는 그분에게 자녀가 늘 공부를 잘하게 하려면 과외나 학원 보내는 것도 중요하지만 예배에 빼먹지 않도록 하라고 이야기 했다. 그 집사는 그때만 해도 아직 내가 고등학교에 들어간 자녀가 없으니까 목사가 으레 하는 말로만 들었다. 그러다가 한 번은 자녀가 "과외하고 싶은 마음도 없고 죽고 싶은 생각만 든다."고 하니까 전화를 한 것이었다. "어떻게 하면 좋으냐?"고 말이다.

그때 아들이 고 3이었는데 상당히 당황했던 모양이었다. 대학교 들어가는 것은 고사하고 독자 죽일까봐 정신이 없었던 것이다. 더구나 집이 13층 아파트였으니 아들이 떨어질까 봐 정신이 번쩍 난 것이다. 그때 내 생각이 나서 아들에게 "과외 안 시킬 터이니 죽지는 말라."고 부탁했다고 한다. 다만 공부 안 해도 좋으니 엄마하고 교회나 열심히 다니자고 하였다고 한다. 그래서 이 자녀는 다른 친구들 학원 다니고 과외 할 때 수요일 날도 교회 가고, 주일날도 교회 가고, 부흥회 때도 교회 가고 하다가 은혜를 받았다.

그는 은혜를 받고 나서 자기가 왜 공부를 해야 하는가를 알게 되었다. "하나님을 위해, 이웃을 위해 공부를 해야 되겠다."는 마음이 생긴 것이다. 성령님께서 감동을 주신 것이다. 그때부터 스스로 공부하기 시작했다. 가기 힘들다고 학교에서조차 원서를 써주지 않는 대학에 합격해서 지금 잘 다니고 있다.

남 중심의 삶을 실천한다는 것은 곧 책임감을 갖는다는 것이다. 실력 있는 리더는 책임감을 가지고 사는 사람이다. 남을 섬길 수 있는 정신은 바로 그리스도가 우리에게 보여주신 섬김의 본이다.

> 너희가 남에게 대접을 받고 싶은 대로 너희도 남을 대접하라 (마태복음 7:12)

이것이 그리스도께서 우리에게 알려주신 남 중심의 교육 방침이다. 이런 사람만이 시대를 책임질 수 있는 힘을 가지는 것이다.

행동으로 옮기는 힘

아무리 좋은 이론과 감동이 있더라도 그것을 실천할 수 있는 힘이 있을 때 비로소 강한 능력을 쌓게 된다. 벨은 성경적 교육실천운동이라고 한다.

우리나라 속담에 부뚜막의 소금도 넣어야 짜다는 말이 있다. 아무리 소금이 좋은 것이로되 보고 있거나 감동만 하고 있어서는 필요없는 것이다. 예수님의 제자들이 세상을 압도할 수 있는 리더가 될 수 있었던 것은 모든 것을 버리고 예수님을 따를 수 있는 실천적 용기가 있었기 때문이다. 배와 그물을 버려두고 예수님을 따랐다는 사실을 기억해야 한다. 제자들은 예수님이 부르실 때 한결같이 곧, 즉시 응답했고 그 부름을 행동으로 옮기는 힘을 가졌다.

부자 청년이 예수님께 와서 어떻게 하여야 영생을 얻겠느냐고 물었다. 예수님이 여러 가지 말씀을 하신 후에 마지막으로 실천할 것을 요구하셨다.

> 예수께서 가라사대 네가 온전하고자 할진대 가서 네 소유를 팔아 가난한 자들을 주라 그리하면 하늘에서 보화가 네게 있으리라 그리고 와서 나를 좇으라 하시니 그 청년이 재물이 많으므로 이 말씀을 듣고 근심하며 가니라 (마태복음 19:21 ~ 22)

지금 그리스도인들은 날마다 감동은 받지만 그것을 실천할 수 있는 구체적인 힘을 갖지 않았다. "오늘 사랑하며 살게 하옵소서."라고 기도하는 것도 좋은 일이지만 그 사랑이 24시간 내에 실천 가능한 것으로 훈련되어야 한다. '오늘 저녁에 어머니의 어깨를 주물러 드려야겠다.', '오늘 싸웠던 친구에게 전화를 걸어 화해를 해야겠다.' 는 하루 동안 실천 가능한 것을 기록하고 행동에 옮길 수 있는 힘을 가질 때 진정 마음의 힘이 강해지는 것이다. 삶이 변하지 않고 열매를 맺지 못하는 것은 훈련하지 않고 하루아침에 하나님이 변하게 해주심을 기대하기 때문이다. 어느 날 갑자기 은혜를 받아 사울처럼 빛도 보고 음성도 들어 새로운 세상을 경험하려는 것이 문제다. 날마다 끊임없이 말씀을 실천에 옮기려는 훈련이 있을 때 진정 실력 있는 리더로서의 마음을 강하게 할 수 있는 것이다.

반응력, 책임감, 논리적 사고

반응력이란 남이 기쁠 때 기뻐해 주는 상태를 의미한다. 슬플 때 슬퍼할 수 있는 힘이 있어야 한다. 지금 우리 주변 상황은 마음의 힘이 거꾸로 반응을 하고 있다는 생각이 들 때가 많다. 부정적이다.

어느 꼬마에게 "너 참 착하다."고 말했더니 "나 안 착해요."라고 한다. 그리고는 앉아서 무엇인가 하고 있었다. 뭔가 보았더니 살아있는 잠자리를 잡아 날개를 끊고 꼬리를 끊고, 퍼덕이는 것을 보며 즐기고 있었다. 아이들의 마음이 깨진 것이다. 마음의 힘이 있다는 것은 자신이 말한 것에 대한 분명한 소신이 있어 책임감을 지니는 것이다. 반응력은 리더로서의 중요한 덕목이다.

감동적인 글을 읽고 반응을 하고 있는 아이는 살아 있다는 증거이다. 한 번은 원동연 박사의 아들이 좋은 글을 읽고 느낀 점을 써 보라고 했더니 아무 것도 안 쓰고 하얗게 놔두었다. "왜 안 썼느냐?"고 물으니 감동이 안 와서 안 썼다는 것이다. 그 다음에 다른 감동적인 글을 주고 쓰라고 했더니 두 자를 썼다. "없다." 그 다음에 또 쓰라고 했는데 제목하고 똑같이 썼다. 그러나 자꾸 반복하면서 좋은 글을 읽고 감동하기 시작한 순간부터 공부도 하기 시작했다고 한다.

벨 교육에 학교 선생님들이 많이 참석하신다. 동두천에 계신 어느 선생님은 '좋은 글을 읽고 어떻게 반응하는가?'가 실력과 상당히 밀접한 관계가 있다는 말을 들은 후에 그것을 자기 반에 그대로 적용하셨다고 한다. 처음에 3분 묵상이라고 방송으로 내보냈는데 그것을 감동적이라고 느끼고 쓰는 아이들은 별로 없었다. 그러나 포기하지 않고 아침마다 묵상의 시간을 갖게 하고 좋은 글들을 방송하였더니 반응을 조금씩 하더라고 했다. 그 아이들이 3개월 만에 전체적으로 성적이 향상되었다고 간증하였다. 마음이 깨진 자녀들에게 좋은 글을 읽게 하는 것은 황무한 땅을 개간하는 것처럼 중요한 일이다.

왜 우리는 마음의 힘을 키우는 교육을 성경적인 교육으로 해야 한다고 하는가? 지금처럼 환난의 시대, 유혹의 시대에 어떻게 부모가 일일이 자녀를 보살필 수 있을까? 그것은 불가능하다. 그러나 성령님을 의식하도록 저들을 교육하면 하나님이 저들을 지킬 것이고 만들어 쓰실 것이다. 좋은 글을 읽고 좋은 음악을 듣고 느낀 점을 아무리 잘 써도 마음의 힘이 갑자기 강해질 수 없다. 그러나 성령님의 은혜를 날마다 충만하게 체험하면 하나님이 강하게 하시기 때문이다.

마음 밭이 좋아야 좋은 열매를 맺는다. 하나님의 말씀이 아무리 은혜가 되어도 마음의 문이 닫혀 있으면 열매가 안 맺히는 것과 같다. 긍정적이고 반응력이 뛰어난 아이는 실력 있는 리더가 될 수 있다. 바쁘지만 끊임없이 감동적인 글을 읽고 느낀 점을 쓰도록 벨 교육은 제시한다.

단순히 마음의 힘이 강한 것이 실력에만 관계있는 것은 아니다. 일본의 물리학자가 물의 분자를 섭씨 영하 5도에서 조사를 했다고 한다. 물중에 가장 좋은 물이 육각수라고 하는데 이 육각수 형태의 물이 몸에 가장 좋다고 한다. 그런데 베토벤의 전원이라는 클래식 음악을 들려주었더니 물이 육각수 모양으로 변했다고 한다. "감사합니다. 고맙습니다. 행복합니다." 이렇게 마음이 긍정적이고 따스할 때 물은 육각수 모양으로 나타났는데 그렇지 못하고 락 음악과 헤비메탈의 곡을 들려주었더니 육각수 모양이 다 깨져 버렸다. "너 죽여, 가만 두지 않을 거야." 이처럼 미움과 시기와 질투의 마음을 가지게 되니까 육각수 모양은 여지없이 깨지고 말았다.

다나카라는 일본 사람이 노벨상을 탔는데 그것을 계기로 EBS방송에서 "한국인은 노벨상을 왜 못 받는가."라는 토론이 벌어졌다. 그때 토론자 중에 대학원장이신 분이 그 이유 중에 한 가지를 이렇게 이야기했다.

"일본은 칭찬을 많이 하는데 한국 사람은 칭찬을 잘 안 한다."

한국은 학자가 발표하면 서로 험담하고 비난은 하며 인정하지 않는 마음을 가졌기 때문이라는 것이다. 그러나 일본 학자들은 자기 나라 학자가 연구한 것을 가는 곳마다 대단하다고 자랑한다는 것이다. "내가 잘되는 것이 좋지만 당신이 잘되는 것은 더 좋은 일이다."라는 마음의 힘이 있기 때문이다. 그의 말을 극단적으로 인용하면 노벨상은 어디서 오는가? 남을 세워주고 인정하는 칭찬에서 나올 수 있다는 것이다.

남을 인정하는 자들이 모인 곳이 실력 있는 힘을 발휘하는 집단인 것이다. 교회와 학교, 직장도 마찬가지이다. 나보다 남을 자랑하는 사람이 모인 곳은 한없이 행복할 뿐만 아니라 진정한 실력을 발휘할 수 있다.

예수원의 제인 사모님은 평생에 남을 험담하거나 미워하지 않으며 살았다고 한다. 딸이 아무개가 밉다고 막 험담을 하면 "그래도 그 사람은 이런 부분이 아름답지 않은가?"라고 장점을 보았다고 한다. 진정한 리더의 모습이다.

마음이 깨진 아이들이 결코 리더가 될 수 없다. 자기중심적이며 제대로 반응을 하지 않은 남학생이 성적만 높다면 후에 제 2의 가룟 유다가 될 수 있으며, 여학생은 제 2의 린다 김이 될 수도 있다.

육아문제에 있어서 무관심 이상의 큰 문제는 과잉보호라고 한다. 과잉보호는 자녀를 보호하는 것이 아니라 파멸시키는 길이다. 아이의 요구는 무조건 들어주고 아이들이 하고 싶은 것은 무엇이든 하도록 버려두는 것은 자라가며 중대한 행동장애나 정신장애를 일으키는 원인이 된다. 인기 TV드라마였던 '아줌마'의 주인공 장진구는 과보호 속에 자라난 우리 시대의 병리현상을 대표하는 성인 아이의 표상이었다.

어떤 어린아이는 자기 부모가 너무 잘 해주신다고 자랑을 하면서도 한편으로는 그런데 "걱정이 많다."고 하였다. 이유인즉 부모님이 도망갈까 걱정이라는 이야기였다. 이것이 과보호 증후군의 현상이라고 한다.

스스로 홀로 설 수 없는 나약한 아이로는 후대를 강하게 세워갈 수 없다. 실패하더라도 실패를 딛고 일어설 수 있는 자율성을 키워주지 않는다면 자녀들은 평생 부모를 의존해야 하는 무기력하고 유약한 인간으로 자라갈 것이다. 자녀들에게 부모가 아닌 예수님을 의존할 수 있도록 도와주어야 한다. 그래야 강한 하나님의 사람이 된다.

하나님이 이 시대에 쓰시는 사람은 공부 제일주의로 살아가는 사람이 아니다. 참으로 하나님을 경외할 수 있는 사람을 쓰신다. 성경의 역사는 바로 하나님의 말씀을 제대로 후대에게 교육하였는가 안 하였는가의 역사이다. 신명기에서 모세는 이렇게 기록하고 있다.

> 오늘날 내가 네게 명하는 이 말씀을 너는 마음에 새기고 네 자녀에게 부지런히 가르치며 집에 앉았을 때에든지 길에 행할 때에든지 누웠을 때에든지 일어날 때에든지 이 말씀을 강론할 것이며 너는 또 그것을 네 손목에 매어 기호를 삼으며 네 미간에 붙여 표를 삼고 또 네집 문설주와 바깥문에 기록할지니라 (신명기 6:6 ~ 9)

가슴 뜨거운 말씀이다. 자녀를 부지런히 가르치라는 것이다. 또한

"어떻게 가르칠 것인가"를 말씀하고 있다. 집에 앉았을 때에든지 길에 행할 때에든지 누웠을 때에든지 일어날 때에든지 이 말씀을 강론하라는 것은 삶의 전 영역을 통해 말씀을 가르치라는 것이다. 그러나 그들은 제사의 형식과 틀은 있었지만 말씀의 진실함을 상실하게 되었고 사사기의 불행한 역사가 시작된 것이다. 후대의 소망을 잃어버린 결과이다.

> 곧 그들이 여호와를 버리고 바알과 아스다롯을 섬겼으므로 여호와께서 이스라엘에게 진노하사 노략하는 자의 손에 붙여 그들로 노략을 당케 하시며 또 사방 모든 대적의 손에 파시매 그들이 다시는 대적을 당치 못하였으며 그들이 어디를 가든지 여호와의 손이 그들에게 재앙을 내리시매 곧 여호와께서 말씀하신 것과 같고 여호와께서 그들에게 맹세하신 것과 같아서 그들의 괴로움이 심하였더라
> (사사기 2:13 ~ 15)

말씀을 상고하지 않은 자들의 결말이다. 우리는 어떤 교육을 따라가야 하는가? 하나님의 말씀을 포기하면서까지 세상 교육을 신뢰하며 갈 것인가? 아니면 세상 교육을 포기하면서라도 하나님의 말씀을 따라 성경 교육을 할 것인가?

그것은 우리가 선택하는 것이고 그 선택에 따른 대가는 우리와 후대들의 몫으로 남을 것이다. 성경적인 교육을 통해서 마음의 힘을 세운 성령 충만한 사람들이 모인 가정, 교회, 사회가 있을 때 하나님의 나라가 이 땅에 이루어질 것이다.

2장 | 지혜의 힘(智力 : Understanding)

 지적인 힘이 없으면 글 읽는 방식이 상당히 더디게 된다. 정보 입력이 뒤지면 실력이 떨어질 수밖에 없고 전체를 볼 수 있는 힘을 상실하게 된다. 지적인 힘을 갖기 위해서는 지적인 힘이 과연 어디서 오는가, 즉 원천을 이해해야 한다.
 지금까지 많은 사람들은 지적인 힘은 많은 지식을 갖는 것, 곧 지식의 양에서 온다고 생각하여 '아는 것이 힘이다.'라고 했다. 그러나 현대에는 그 이야기가 통하지 않는다. 왜냐하면 현대에는 지식이 폭발적으로 증가하기 때문이다. 미래학자들은 2020년이 되면 73일마다 지식이 두 배로 증가한다고 말한다. 세 달이 되기 전에 지식이 두 배로 늘어난다는 것이다.
 이런 시대에서는 지식이 많다고 자랑할 게 못 된다. 몇 달이 지나면 더 새로운 지식들이 쏟아지고, 지금까지 가지고 있던 지식들이 무용지물이 될 수도 있다. 그러면 이러한 시대에 진정한 지적인 힘은 무엇인가? 그것은 지식의 양이 아니라 그렇게 많은 지식들을 잘 운용할 수 있는 힘이다. 이것을 우리는 지혜라고 부른다.

 예를 들어 컴퓨터가 있는데 그 컴퓨터에는 많은 자료가 들어 있다고 하자. 그런데 그 자료만 갖고 컴퓨터를 작동할 수는 없다. 이 컴퓨터를 움직이기 위해서는 윈도우95나 윈도우98 같은 운영 시스템(OS)이 필요하다. 그런데 이런 운영 시스템에도 저급한 것과 고급스러운 것이 있다. 컴퓨터에 똑같은 자료들이 있더라도 저급의 운영 시스템을 돌리면 저급의 결과가 나오고 고급의 운영 시스템을 돌리면 고급의 결과가 나온다.

이것은 교육 현장에서도 똑같은 형태로 나타난다. 선생님이 공부시간에 한 시간 동안 똑같은 지식의 양과 똑같은 내용을 전달한다. 완전히 같은 것을 전달하는데도 시간이 흐르고 나면 실력 있는 자와 실력 없는 자가 생긴다. 가르치는 지식의 내용과 양이 다르기 때문이 아니라 그 지식을 받아들이는 자들의 지식을 운영하는 힘, 지혜에서 차이가 나기 때문이다. 많은 교사들이 오늘 뭘 가르칠까에 관심을 가지고 준비를 하는데 그것보다 더 중요한 것은 지식을 전달했을 때 그것을 운영하는 힘이 어떤가를 보아 그것을 개선시키고 바꿔주는 것이다.

벨 교육은 우리 각자에게 주어진 지적인 달란트를 최대치까지 발휘하기 위해 물고기를 잡는 방법을 익히게 해주는 데에 있다. 다시 말하면 일하는 방법, 공부하는 방법을 배워서 스스로 할 수 있도록 도와주는 역할을 하고자 하는 것이다.

예수님을 믿고 은혜를 받으면 심력이 강해진다. 그런데 마음의 힘이 강하다고 해서 다 실력 있는 것은 아니다. 우리 예수 믿는 사람들이 은혜는 받아 마음은 긍정적인데 왜 실력이 없는지 아는가? 그것은 지력이 따라 주지 않기 때문이다. 성경을 많이만 읽는다고 실력이 는다면 성경 100독 한 사람은 실력이 뛰어날 것이다. 그러나 그렇지 않다. 성경을 통해서 구체적으로 '어떻게 공부해야 할 것인가'를 제시할 수 있는 프로그램과 그 프로그램을 따라 할 수 있는 끊임없는 훈련이 있어야 한다.

지력이란 지적인 힘을 말한다. 공부의 원리라고 할 수 있다. 학습 방법을 모르면 아무리 열심히 해도 따라 갈 수 없다. 지식을 운영할 수 있는 힘을 자녀들에게 가르쳐 주어야 한다. 성경적인 교육이란 성경을 열심히 읽기만 하면 되는 것이 아니다. 그런다고 무조건 지혜를 주시는 것도 아니다. 지적인 학습능력을 키워야 하는 것이다. 그 기본적인 원리가 성경이다. 지혜의 근본이 그곳에 있기 때문이다. 성경을 통해 학습의 기본원리를 적용하여 지혜의 힘을 키우고, 탈무드처럼 반복 훈련하여 리더가 될 수 있는 능력을 키우는 것이 벨 교육이다.

지력을 가질 때의 힘

5차원 전면교육의 지력은 궁극적으로 '참과 거짓을 분별할 수 있는 힘'을 기르는 것을 그 목적으로 한다.

인간은 지혜 위주의 바른 방법을 알고 훈련하면 자신이 가진 지적 능력을 극대치까지 향상시킬 수 있다. 그러나 지력의 향상을 단순히 학교에서의 성적 높이기나 많은 지식을 갖는 것, 혹은 하나의 방법론을 터득하는 것만으로 생각하면 안 된다. 지식을 통해 실생활에서의 업무 능력이나 전문성을 향상하는 데 머무르지 않고 한 걸음 더 나아가 우리 인생을 통해 가장 중요한 진리를 발견하는 데까지 이르도록 하는 것이다. 이것이 벨의 5차원 교육의 지력에서 본질적인 요소이다. 우리가 아무리 많은 지식을 가지고 있고 뛰어난 지력의 소유자라 할지라도 그 인생의 향방이 거짓을 좇아가고 있다면 아무런 의미가 없기 때문이다.

우리의 삶 전체에 걸쳐 참과 거짓을 올바르게 분별할 수 있는 능력이 있어야 바른 삶의 방향을 정립할 수 있다. 아무리 마음의 힘이 강한 사람이라도 잘못 설정된 삶의 지표를 갖고 있으면 올바른 삶을 영위할 수 없고 사회에 폐해를 끼치게 된다.

참과 거짓을 분별할 수 있는 지적 능력은 일생 전반에 걸쳐 중요할 뿐 아니라 하루하루의 생활과 업무에 있어서도 결정적인 역할을 하게 된다. 매일 엄청난 분량으로 쏟아져 들어오는 각종 정보들 가운데 현재의 상황에 맞게 올바른 것이 무엇인지를 판단하고 거짓된 정보와 가치 없는 정보를 날카롭게 끄집어내 분류하는 힘은 결국 우리의 삶에 있어 핵심적인 능력이라고 할 수 있다.

지력 향상의 길잡이, 지적 활동의 극대화는 크게 다음 세 과정으로 나누어 볼 수 있다. 성경이 지혜의 책이기는 하지만 그것을 읽기만 해서 실력이 늘어나는 것은 아니다. 아무리 좋은 말씀이라고 하여도 그 내용을 심화 할 수 있는 능력과 그것을 표출할 수 있는 힘이 없다면 지적인 능력을 극대화하기는 어렵다.

학문의 9단계 (The 9 steps of learning)

지식의 입수 · 심화 · 표출의 3단계를 구체적인 흐름으로 나눠보면 각과정이 다시 3개씩, 모두 9단계로 나뉜다.

과정	단계	단 계 명	목 표		방 법
정보단계	1단계	빨리 읽고 이해하기	정보의 양 늘리기		속해독서법
	2단계	정확하게 신속하게 이해하기	정보의 질 높이기	사실적인 글	글 분석법
	3단계	보물찾기		함축적인 글	글감상법
정보핵심	4단계	전체를 본 후 부분보기	질서화하여 객관화하기		고공학습법 상관관계학습법
	5단계	묵상하기	구체화하여 주관화하기		개념심화학습법
	6단계	인식하기	의식화하기		질문학습법
정보표출	7단계	글쓰기법	사실 그대로 표현하기 사상,감정을 표현하기 종합적으로 표현하기		평면적 글쓰기 법 입체적 글쓰기 법 종합 글쓰기 법
	8단계	도식화법	그림, 도표, 선으로 표현		도식화표현법
	9단계	함수화법	숫자나 기호로 표현		함수화표현법

벨 5차원 독서법과 독서치료법

지적 활동 중 가장 중요한 분야인 독서에 대하여 어떻게 책을 읽어야 하며 또 어떤 책을 읽어야 하는가는 매우 중요한 문제이다. '어떻게'의 문제를 해결하기 위한 벨 5차원독서법과, 무엇의 문제를 해결하기 위한 독서치료법을 소개하고자 한다.

학문의 9단계를 익힌 이후에는 이것이 우리의 지적 활동에 실질적으로 적용되어야 한다. 이를 위해 효과적인 5차원독서법을 실행하도록 한다. 일반적으로 독서라 하면 책을 읽는 것으로 생각한다. 그러나 그저 책을 읽는 것만으로는 지식의 입수 이상을 넘어 설 수 없다. 입수된 지식은 고도화의 과정을 필수적으로 거쳐야 한다.

같은 100개의 전화번호라도 그저 무질서하게 써놓은 것과, 시간을 내어서 김씨는 김씨대로 그리고 이씨는 이씨대로 성명에 따라 분류해놓은 것과는 전혀 가치가 다르다. 그러므로 입수된 지식을 재배열하여 가치를 높이는 고도화 작업이야말로 독서에서 가장 중요한 부분이 된다.

하지만 아무리 고도화된 지식도 효과적으로 표출이 되지 않으면 소용이 없는 것이며, 따라서 입수하여 고도화된 지식을 표출하는 훈련이 항상 수반되어야 한다. 그러므로 독서를 하는 데도 지식의 입수, 고도화, 표출의 3가지 과정을 함께 다루는 소위 5차원독서법을 사용하는 것이 필요하다.

60분의 시간이 있을 때 보통은 60분간 책을 읽는 독서법을 택한다. 하지만 5차원 독서법에서는 다음의 3가지 단계를 실행한다.

어떤 사람에게 60분 정도의 독서 시간이 주어졌다고 하자. 1단계로 60분의 시간이 있을 때 60분간 전부를 책을 읽는 데 사용하는 것이 아니라 이 중에서 40분만 책을 읽는다. 2단계로 10분 정도를 사용하여 책을 더 읽는 것이 아니라, 여태까지 읽은 책의 내용을 깊이 생각해 보고 묵상한다. 이런 과정 동안에 지식들의 재배열이 일어나고 지식의 고도화가 이루어진다. 그리고 3단계에서는 10여 분간 지금까지 생각해 온 것들을 기록한다. 쓰기를 통해서 생각이 정리되고 지식을 논리적으로 체계화할 수 있다. 그리고 쓰기를 할 때 추상적인 개념들의 구체화 과정이 일어나며 이를 통해 지식을 실천할 수 있는 바탕을 이루게 된다.

이와 같은 읽기, 묵상하기, 느낀 점 쓰기를 기록하는 벨 5차원 독서법을 통해 학문의 9단계를 체질화시킬 수 있으며 단시간 내에 지력을 향상시킬 수 있는 지름길이 된다.

■ 독서치료법

인간은 독서를 통하여 감동을 받거나 즐거움을 느끼게 되고 생각과 태도에 변화가 일어나기도 한다. 독자로 하여금 책 속의 인물에 대한 친근감과 동질감을 갖게 하며, 책 속의 상황과 현실의 문제가 유사하게 전개되는 것을 관찰할 수 있게 되기 때문이다. 다시 말해 독서는 독자의 인격과 책 사이의 역동적 상호작용을 통해 인격적 문제를 해결하고 삶에 필요한 지혜를 개발하며, 건전한 자아상을 확립시킬 수 있게 하는 것이다.

이러한 독서의 효과는 건강한 가치관 정립에 도움을 줄 뿐만 아니라 인간 내면의 갈등을 해소하고 치료하는 데에도 도움이 된다. 독서치료법을 통하여 자신과 타인의 감성과 행동을 이해할 수 있게 하고 정서적 문제들을 치유하며 태도를 변화 발달시켜, 문제해결과 의사결정을 효과적으로 도우므로 독서를 보다 적극적인 치유 목적으로 활용하는 것을 의미한다.

독자는 책을 읽으면서 작중의 인물과 자신과의 동일한 상황이나 사고, 감정, 의식들을 찾아내게 되며, 그로 인해 작중의 인물과 동일한 감정과 의식을 내면에서 증대시킴으로써 작품 속으로 몰입하게 된다. 이러한 감정과 사고의 이입은 작품의 클라이맥스에 이를 때까지 깊이 증대됨으로써 작중의 주인공이 느끼는 감정과 상황을 통해 자신이 가지고 있었던 감정이 대신 표출되기도 하며, 분노가 폭발하기도 하며, 대리의 만족감을 통해 카타르시스에 이르게 된다.

이러한 카타르시스는 감정적 통찰력을 유발하는 과정인데, 통찰이란 독자가 작품을 읽음으로써 자기 자신이나 자기문제에 대하여 올바르고 객관적인 인식을 체득하는 것이다. 통찰은 독서치료를 계속하는 과정을 통하여 등장인물의 행동을 스스로 깨닫게 함으로써 자기 자신의 동기조성이나 욕구를 달성할 수 있는 카타르시스를 동반한 감정적 통찰력을 갖게 하여 자신의 문제해결에 이르게 하는 독서치료의 원리인 것이다.

독서치료에 있어서 치료효과에 가장 영향을 주는 부분은 적합한 독서의 선택이다. 적시에 적합한 책을 적합한 사람에게 읽히는 것이 독서치료에 있어 가장 중요한 핵심이 되는 것이다. 독서치료를 실행하는 과정에 있어서도 치유대상자의 문제점에 대한 정확한 파악, 목표의 설정, 적절한 독서 자료의 선택과 시행 등을 체계적으로 수행함으로써 독서요법의 효과를 증대시킬 수 있다.

그러므로 좋은 책을 선택해서 바르게 읽어 간다는 것은 육신이 좋은 음식을 통해 건강해지는 것과 같이 인간의 정신과 사상을 건강하게 하는 가장 중요한 요소가 된다. 술, 담배, 마약 등을 잘못 사용하면 몸을 망치듯이 잘못된 책의 선택도 우리의 정신을 황폐화시킬 수 있는 것이다. 그러므로 좋은 책을 5차원독서법을 통해 매일매일 읽어 나가는 습관을 가질 때 우리의 삶은 더욱 값지고 건강하게 될 수 있을 것이다.

■ 안구 훈련

 글 읽는 속도는 눈의 움직임 속도에 따라 결정된다. 눈이 빨리 움직이면 속도가 빨라진다. 안구를 움직여주는 운동을 꾸준히 하면 근육이 발달하여 안구를 움직이는 속도가 매우 빠르다.

 다음 쪽에 제시되는 '안구 훈련표'는 가상의 책과 같은 것이다. 내용이 전혀 없고 형태만 있는 가짜 책을 가지고 눈만 빨리 돌리는 연습용으로 쓰는 것이다. 이 훈련은 안구를 운동시켜서 근육을 강화해주는 것이기 때문에 지나치게 욕심을 부려서는 안 된다. 동그라미 줄을 빨리 훑어가면서 읽어가되 정확하게 해야 하며, 빨리 하는 것에만 초점을 맞추다 보면 눈만 지치게 된다.

 이 안구 훈련을 날마다 3분씩 꾸준히 계속하면 빠른 시간 내에 독서 능력을 증진시킬 수 있다. 1개월 이상을 하루도 빠뜨리지 않고 3분씩 훈련했을 경우, 대부분이 1분에 10회 이상을 읽을 수 있게 되었다. 이렇게 되면 독서 속도는 이미 1,200자 이상을 확보할 수 있는 수준이다.

안구훈련표

1차 번/분	2차 번/분	3차 번/분

● ○ ○ ○ ○ ○ ○ ○ ○ ○ ○ ●
○ ○ ○ ○ ○ ○ ○ ○ ○ ○ ○ ○
● ○ ○ ○ ○ ○ ○ ○ ○ ○ ○ ●
○ ○ ○ ○ ○ ○ ○ ○ ○ ○ ○ ○
● ○ ○ ○ ○ ○ ○ ○ ○ ○ ○ ●
○ ○ ○ ○ ○ ○ ○ ○ ○ ○ ○ ○
● ○ ○ ○ ○ ○ ○ ○ ○ ○ ○ ●
○ ○ ○ ○ ○ ○ ○ ○ ○ ○ ○ ○
● ○ ○ ○ ○ ○ ○ ○ ○ ○ ○ ●
○ ○ ○ ○ ○ ○ ○ ○ ○ ○ ○ ○
● ○ ○ ○ ○ ○ ○ ○ ○ ○ ○ ●
○ ○ ○ ○ ○ ○ ○ ○ ○ ○ ○ ○

속해독서법 - 센스 그룹 확장을 위한 사선치기

먼저 자세를 바르게 하고 마음을 편안하게 한 다음 혀를 이에 꼭 붙여 속으로 따라 읽지 않도록 한다. 그리고 빨리 읽는 것이 이해력을 낮추는 것이 아니라는 것을 염두에 두고 눈을 빨리 움직여 실제로 독서를 해 나간다.

'responsibility'라는 단어를 읽어보자. 이 단어를 모르는 사람은 'r·e·s·p·o·n·s…' 이렇게 한 자 한 자를 읽어가서 아! 'responsibility'이구나 할 것이다. 그러나 이 단어를 이미 알고 있는 사람은 14자가 단번에 들어올 것이다.

여기에서 우리는 인간은 어떤 정보를 의미 단위(sense group, thought group)로 받아들인다는 것을 알게 되었다. 때문에 빨리 읽는다고 해서 이해가 안 되고 한 자 한 자 끊어서 읽는다고 이해가 잘 되는 것은 아니다. 이해의 문제는 늦게 읽거나 빨리 읽는 데 있는 것이 아니라 그 의미를 이미 알고 있느냐 모르고 있느냐에 있다.

실제로 속해독서를 할 때, 필수적인 훈련 방법은 사선 치기이다. 읽어 내려가는 본문에 사선을 치면서 의미 단위, 즉 센스 그룹으로 끊어가면서 읽는 것을 말하는 것이다.

다음의 본문을 읽어보자.

> 하나님이 세상을 이처럼 사랑하사 독생자를 주셨으니 이는 저를 믿는 자마다 멸망치 않고 영생을 얻게 하려 하심이니라 하나님이 그 아들을 세상에 보내신 것은 세상을 심판하려 하심이 아니요 저로 말미암아 세상이 구원을 받게 하려 하심이라 저를 믿는 자는 심판을 받지 아니하는 것이요 믿지 아니하는 자는 하나님의 독생자의 이름을 믿지 아니하므로 벌써 심판을 받은 것이니라 (요한복음3:15 ~ 18)

'하·나·님·이·세·상·을·이·처·럼'으로 한 글자씩 떼어서 읽는 사람은 아무도 없을 것이다. 적어도 "하나님이/ 세상을/ 이처럼/ 사랑하사……." 즉 단어의 단위로 글자 정보를 인식할 것이다. 따라서 읽는 속도를 빨리 하기 위해서는 이 인식 범위를 넓혀야 한다. 그러면 이번에는 한 번에 끊어 읽는 범위를 좀더 넓혀서 읽어보자. 통계적으로 볼 때 사람의 두뇌가 아무리 훈련되어 있지 않다 할지라도 한 번 시선을 주면 4~5단어를 인식하게 되어 있는 것이 보편적이다.

하나님이 세상을 이처럼 사랑하사/ 독생자를 주셨으니/ 이는 저를 믿는 자마다 멸망치 않고/ 영생을 얻게 하려 하심이라/ …….

위와 같은 방식으로 단번에 눈에 들어와 이해되는 범위를 사선으로 묶어가면서 읽게 되면, 이해도가 훨씬 증가될 뿐 아니라 속도도 빨라진다.

성경 고공 학습법

벨 학습법은 공부를 통해 지식을 습득하는 것뿐만 아니라 그 내용이 어떤 의미와 맥락을 갖는가를 전체적으로 조망하는 법을 익히는 훈련을 해야 실력을 최대치까지 발휘할 수 있다고 본다. 이것은 학습 능률의 차원에서도 마찬가지다. 하나의 과목, 하나의 학문은 커다란 조각 그림 맞추기 게임과 같다. 조각을 결합시키지 않은 채로 한 조각 한 조각을 보면 매우 복잡한 것으로 보인다. 그리고 전체 그림을 보지 못하면 며칠을 분투해도 단지 몇 조각밖에 맞추지 못하는 경우가 많다. 전체 그림을 보았을 때 더 효율적으로 조각 조각의 정보를 종합할 수 있다.

성경에 나타난 하나 하나의 지식 조각을 알고 암기하는 것보다는 먼저 그런 지식을 전체로 엮을 수 있는 훈련을 고공 학습법이라고 표현하는데 전체를 보는 훈련을 익히는 것이다.

로마서를 한 장씩 읽는 것도 중요하지만 시간을 내어서 전부를 읽고 깨달음을 적고 기록할 수 있는 힘을 가지는 것은 전체를 볼 수 있는 힘을 기르는 것이다. 그런 힘을 키워야 숲을 보고 나무를 볼 수 있게 되는 것이다.

역사나 사회 같은 과목들은 무조건 달달 외우면 된다는 생각하는 경우가 많다. 그러나 이런 생각은 실력을 향상시키는 데 크게 도움이 되지 못한다.

예를 들어 조선시대 왕의 이름을 처음부터 마지막까지 다 외웠다고 하자. 이것은 역사적 사건에 대해 상식이 늘었을 뿐 역사를 보는 눈이나 역사 의식을 길러 주지는 못한다.

역사 공부를 할 때 정말로 중요한 것은 그 사건이 역사 가운데 어떤 의미를 가지는가 아는 것이다. 그리고 이를 근거로 앞으로 우리는 어떻게 역사를 만들어 가야 하는지도 알 수 있어야 한다. 이것이 역사관이며 역사의 교훈을 통해 얻게 되는 가치관이다. 그러므로 역사와 같은 사회공부를 통해서 지식을 습득하는 것뿐만 아니라 그 내용이 어떤 의미를 갖고 있는가를 함께 파악하는 힘을 익혀야 진정한 실력자인 것이다.

단순히 성경을 빨리 읽고 얼마나 많이 읽었는가 하는 문제는 그다지 중요한 것은 아니다. 그 성경의 의미, 하나님이 말씀하신 저자의 의도를 정확하게 파악할 수 있는 힘을 키워야 진정한 실력자로 쓰시는 것이다.

복을 사모하는 사람은 성경을 읽다가 복이라는 부분에만 줄이 쳐 있게 되고 그곳에 시선이 모아진다. 고난을 당한 사람은 고난에 시선이 모아진다. 지경을 넓히기 원하는 사람은 기도하고 지경을 넓혔던

야베스의 기도에 시선이 집중되는 것이다. 그러나 그리스도인이 실력자가 되어야 한다는 것은 내 의도가 아닌 내가 감동 받은 부분에 시선을 치는 것이 아니라 하나님이 말씀하시고자 하는 의도를 정확하게 찾을 수 있는 힘을 갖는 것이다. 그리고 그 하나님의 말씀의 의미를 삶에 구체적으로 실천할 때 강력한 힘을 발휘할 수 있는 실력자로 점점 세워져 가는 것이다.

::: 성경 고공 학습법의 도표 :::

▶저자의 생각찾기 속해속독훈련을 통해	① 한 번에 이해되는 부분만큼 사선을 치면서 ② 성경의 저자가 중요하게 말하는 내용을 찾아 밑줄을 그 으면서 읽습니다. ③ 밑줄 친 부분을 중심으로 요지와 주제, 제목을 적습니다.
▶전체 내용 파악하기 고공학습법	① 제시된 성경의 전체 내용이 무엇인지, 그림이나 기호 등을 고공학습법을 활용하여 압축해 봅니다. ② 전체 내용이 파악된 후 이에 연결하여 주제와 제목을 다시 찾아 봅니다.
▶행동화 할 수 있는 힘 구체화시키는 작업	① 읽은 말씀의 주제문을 중심으로 그 글에 있는 단어, 구 등에서 정확하게 뜻을 알지 못하는 부분이 있으면 이들의 개념을 더욱 깊이 파악 하도록 합니다. (개념심화학습법 활용) ② 주제문을 깊이 묵상하며 나에게 주어진 생각이나 느낌 등을 구체적으로 적습니다. 이를 통해 추상적인 개념을 구체화시킬 수 있습니다. ③ 하나님의 뜻에 순종하기 위하여 내 생각을 하나님의 뜻에 맞출 수 있는 기도를 필요로 합니다.
▶외국어 이해 영문성경을 사고구조변환 학습법을 통해	① 이해되는 만큼 끊어서 사선을 치며 ② 한글 문장으로 번역하는 것이 아니라 영어식으로 생각하며, ③ 모르는 단어가 나오면 네모를 치고 그 단어의 의미를 상상해 보면서 ④ 중요한 내용에 밑줄을 치면서 읽습니다. ⑤ 밑줄 친 부분을 중심으로 내용을 요약하고 (summary) 주제(subject)와 제목(title)을 적습니다.
▶자연세계에 대한 이해 제시된 자연세계에 관한 글을 읽고 객관화 주관화 학습법을 활용하여 내용을 파악합니다	① 글의 저자가 말하는 내용의 요점을 자신의 말로 정리해 봅니다. (객관화) ② 글을 통해 자기가 새롭게 알게 된 사실이나, 느낌, 비판할 내용 등을 적습니다. (주관화)

[예문 1]

| 성경 고공 훈련법 |
▶ 다음의 요한복음 1장 1~18절 말씀을 읽으면서 사선치기와 밑줄긋기를 하세요.

　태초에 말씀이 계시니라./ 이 말씀이/ 하나님과 함께 계셨으니/ 이 말씀은/ 곧 하나님이시니라./ 그가 태초에/ 하나님과 함께 계셨고/ 만물이 그로 말미암아 지은 바 되었으니/ 지은 것이 하나도 그가 없이는/ 된 것이 없느니라./
　그 안에 생명이 있었으니/ 이 생명은 사람들의 빛이라./ 빛이 어두움에 비취되/ 어두움이 깨닫지 못하더라./ 하나님께로서 보내심을 받은 사람이 났으니/ 이름은 요한이라./ 저가 증거하러 왔으니/ 곧 빛에 대하여 증거하고/ 모든 사람으로 자기를 인하여/ 믿게 하려 함이라./ 그는 이 빛이 아니요./ 이 빛에 대하여 증거하러 온 자라./ 참 빛 곧 세상에 와서/ 각 사람에게 비취는 빛이 있었나니/ 그가 세상에 계셨으며/ 세상은 그로 말미암아 지은 바 되었으되/ 세상이 그를 알지 못하였고/ 자기 땅에 오매/ 자기 백성이 영접지 아니하였으나/ 영접하는 자 곧 그 이름을 믿는 자들에게는/ 하나님의 자녀가 되는 권세를 주셨으니/ 이는 혈통으로나 육정으로나 사람의 뜻으로/ 나지 아니하고/ 오직 하나님께로서 난 자들이니라./
　말씀이 육신이 되어/ 우리 가운데 거하시매/ 우리가 그 영광을 보니/ 아버지의 독생자의 영광이요/ 은혜와 진리가 충만하더라./ 요한이 그에 대하여 증거하여 외쳐 가로되/ 내가 전에 말하기를/ 내 뒤에 오시는 이가/ 나보다 앞선 것은 나보다 먼저 계심이니라 한 것이/ 이 사람을 가리킴이라 하니라./ 우리가 다 그의 충만한 데서 받으니/ 은혜 위에 은혜러라./ 율법은 모세로 말미암아 주신 것이요/ 은혜와 진리는/ 예수 그리스도로 말미암아 온 것이라./ 본래 하나님을 본 사람이 없으되/ 아버지 품속에 있는/ 독생하신 하나님이/ 나타내셨느니라.

| 성경 저자의 생각 찾기 |
▶ 다음의 요한복음 1장 1~18절 말씀을 읽은 것으로 요지, 주제, 제목을 적으세요.

· 요지 : 태초에 말씀이 하나님과 함께 계셨고, 만물이 그로 인해 창조됨
　　　　말씀이 육신이 되어 우리 가운데 거하심
　　　　예수 그리스도에 대한 요한의 증거
· 주제 : 말씀이 육신이 되심
· 제목 : 예수 그리스도의 성육신

● 행동화 할 수 있는 힘

· 느낀 점 적기
말씀이 곧 하나님이시라고 하셨는데 말씀을 너무 소홀히 대한 내 자신이 부끄럽다.
· 실천하기 (24시간 내에 실천하기)
오늘 저녁 9시부터 9시 30분까지 요한 복음 1장에서 5장까지 읽고 잠자리에 들자.

[예문 2]

| 성경 저자의 생각 찾기 |

▶ 요한복음 14:12~14절의 말씀을 읽으면서 사선 치기와 밑줄 긋기를 하시오.

내가 진실로 진실로/ 너희에게 이르노니/ 나를 믿는 자는/ 나의 하는 일을 저도 할 것이요/ 또한 이보다 큰 것도 하리니/ 이는 내가 아버지께로 감이니라/ 너희가 내 이름으로/ 무엇을 구하든지/ 내가 시행하리니/ 이는 아버지로 하여금/ 아들을인하여/ 영광을 얻으시게 하려 함이라/ 내 이름으로 무엇이든지/ 내게 구하면/ 내가 시행하리라

- 요 지 : 나를 진실로 믿어라
  그리하면 너희가 내 이름으로 구하는 것을 무엇이든지 이루어 주겠다.
- 주 제 : 내 이름으로 구하는 것은 다 이루어주겠다.
- 제 목 : 너는 내게 구하라

● 행동화 할 수 있는 힘

- 느낀 점 적기
  예수님이 말씀하신 기도가 얼마나 중요한 것인가를 다시금 깨닫게 되었다.
- 실천하기(24시간 내에 실천하기)
  오늘 아침 10시부터 10시 30분까지는 교회에서 기도를 드리고 와야겠다.

언어의 벽을 넘어서

　인간의 지적 능력을 향상시키는 데 있어서 가장 중요한 요소 중에 하나는 언어를 잘 하는 것이다. 따라서 자신의 모국어를 잘 하는 것은 지적 능력을 향상시키는 데 필수적이며 아울러 한 가지 이상의 외국어를 함으로써 다중언어의 능력을 기르는 것은 지적 능력을 급격하게 향상시킬 수 있다. 하지만 외국어를 익힌다는 것이 쉬운 일이 아니며 익힌다고 하더라도 깊이 있는 수준까지 익힌다는 것은 힘들기 때문에 지적 능력 향상에 많은 제약이 있다.

　지금도 많은 사람들이 외국어를 배우려는 노력을 엄청나게 하고 있지만 성공한 사람은 그리 많지 않다. 다른 언어를 배운다는 것은 소수의 특별한 재능이 있는 사람들을 제외하고는 불가능한 일일까? 하지만 그렇지 않다. 한 실례를 들면, 미국인들 중 지능지수가 낮은 사람들도 영어를 잘하며, 심지어 자기 이름을 쓰지 못하는 문맹자들도 영어로 자유롭게 의사표현을 하고 있는 것이다. 따라서 언어란 특별한 언어감각이나 많은 지식을 요구하는 것이 아니라 평범한 사람들이 일반적인 언어 습득과정을 통해서도 할 수 있는 것이다.

　그럼에도 불구하고 사람들이 외국어를 하지 못하는 이유는 언어 사이의 기본적인 이해가 부족하고 가르치고 배우는 방법이 적합하지 못하기 때문에 언어의 장벽을 넘어서지 못하고 있는 것이다. 그러므로 언어의 특성과 구조를 이해하고 그것을 익힐 수 있는 효과적인 방법을 통해 배울 수 있다면 어느 누구라도 어떤 언어가 되든 그 장벽을 넘어 언어를 익힐 수 있는 것이다.

열심히 공부해도 외국어를 잘 못하는 이유

최근 외국어의 중요성이 증대되면서 많은 사람들이 외국어 공부에 많은 돈과 시간을 투자하고 있지만 만족할 만할 결과를 얻지 못하고 있다. 그러다 보니 외국어를 하나도 제대로 할 수 없는 사람이라고 실망을 하게 되고 외국어를 통해서 얻으려고 하는 많은 목표들도 포기하게 된다. 예를 들면, 외국유학의 꿈을 언어의 문제로 포기하는 경우도 있고, 직장에서 외국어 실력으로 부여하는 여러 특혜에서 제외되는 경우도 있다. 이렇게 외국어 공부를 열심히 해도 안 되는 데에는 분명한 이유가 있는 것이다. 그 이유는 외국어를 익히는 일이 지식을 축적하는 것만으로는 안 되기 때문이다.

고 3까지 영어공부를 한 사람이 영어를 자유롭게 활용(말하기, 듣기, 쓰기, 읽기)하지 못하는 사람이 있다고 가정하자. 그런데 이 사람에게 영어 지식을 한꺼번에 넣어 주었다고 해서 곧바로 영어를 자유롭게 활용하는 것은 아니다. 지식의 증가가 바로 언어의 활용으로 연결되지 않기 때문인 것이다. 그래서 영어를 잘하려면 먼저 영어책을 구해서 영어지식을 다시 머리 속에 쌓아놓는 일부터 시작한다. 그러나 이렇게 하면 영어의 지식은 추가되지만 영어를 활용할 수 있게 되는 것은 아니다.

그러므로 영어를 하기 위해서는 다른 길을 찾아야 한다. 그것은 지식을 운용하는 방법을 아는 것이다. 영어를 활용하기 위해서는 영어지식을 활용할 수 있게 만드는 운영체계를 알고 익혀야 그 효과가 나타나는 것이다. 그 운영체계는 사고구조변환학습법과 발성구조변환학습법으로 구성되어 있다.

언어의 운영체계를 익히는 것이 외국어 학습의 비결

　세계의 다양한 언어를 살펴보면 서로 차이가 큰 것같이 보이지만 말의 순서가 바뀌어 있다는 것을 알 수 있다. 한국 사람은 '나는/ 밥을/ 먹는다.'라고 말하지만, 미국사람은 '나는/ 먹는다/ 밥을'이라고 이야기하고 히브리사람은 '먹는다 /나는/ 밥을'이라고 말한다. 따라서 같은 내용이라도 그들은 서로 순서를 바꾸어 이야기하고 있는 것이다. 그러므로 각 언어 사이의 순서를 잘 익히고 그 순서들이 갖고 있는 법칙, 즉 그 언어를 사용하는 사람들의 사고구조를 잘 이해하면 어떤 언어라도 쉽게 익힐 수 있는 것이다.
　그런데 언어는 글로만 표현되는 것이 아니라 소리를 내는 말을 통해서도 표현되기 때문에 상대방의 말을 듣고 이해하기 위해서는 그들이 내는 소리를 잘 이해해야 한다. 예를 들면, 뻐꾸기는 '뻐꾹' 하고 운다고 하지만, 실제로 뻐꾸기는 '뻐꾹' 하고 소리내지 않는다. 하지만 우리는 뻐꾸기와 발성구조가 다르기 때문에 뻐꾸기 소리를 낼 수 없어 의성어로 '뻐꾹'이라고 말하는 것이다. 그런데 재미있게도 이렇게 결정하고 뻐꾸기 소리를 들어보면 '뻐꾹'이라고 들린다.
　외국어 사이에도 서로 다른 발음들이 존재하는데 바로 각 언어들의 발성구조가 따르기 때문에 그 발음을 정확하게 내지 못하는 것이다. 발음을 정확하게 내지 못하면 들을 수도 없고 말할 수도 없기 때문에 외국인들의 발성구조를 익혀 같은 소리를 낼 수 있게 된다면, 언어능력을 급격히 향상시킬 수 있는 것이다. 그렇기 때문에 사고의 구조를 변환시킬 수 있는 사고구조변환학습법 그리고 외국인과 동일한 발음을 내게 할 수 있는 발성구조변환학습법을 익히는 것이 언어의 지식을 현실적으로 활용하게 하는 가장 중요한 요소가 되는 것이다.

사고구조변환학습법

그러면 어떻게 우리의 사고구조를 변환시킬 수 있는가? 영어를 가르치는 사람들은 영어를 영어로 생각해야 한다고 말한다. 그리고 중국어를 가르치는 사람을 중국어로 생각해야 한다고 말한다. 이 말은 사고구조를 변환해야 한다는 말인데 이것이 구체적으로 어떤 것인지 정확하게 그 방법을 말해주지는 못한다.

사고구조를 변환시키기 위해서는 외국인이 어떻게 생각하는가 하는 사고구조를 정확하게 알아야 한다. 한 예로 미국 사람들은 어떤 방식으로 생각을 하는가? 미국 사람들은 항상 주어(S)+동사(V)의 순으로 이야기한다. 그리고 주어와 동사를 사용한 후에 궁금한 것이 있을 경우 그것을 이야기하는 것이다. 그러나 이런 궁금한 것이 한국 사람이 생각하는 것과 미국 사람이 생각하는 것이 서로 다르다.

예를 들면 'I gave'라는 말에서 한국인들이 궁금한 것은 무엇(what)을 주었느냐에 대한 것이다. 그런데 미국인들은 무엇(what)을 주었는지에 대한 것보다는 누구(who)에게 주었는지를 더 궁금해 한다. 바로 이것이 미국인들과 한국인들의 사고구조 차이이다.

영어를 사용하는 사람들은 주어(S)와 동사(V)를 이야기하는데, 가장 궁금해 하는 것이 '누구(who)'에게 관한 것이며, 다음으로는 무엇(what), 어디에(where), 왜(why), 어떻게(how), 그리고 언제(when) 등의 부사어의 순서로 생각한다. 이것이 바로 영어를 사용하는 사람들의 사고구조이다.

그런데 한국인들은 미국인들처럼 생각하지 않는다. 한국인이 '나는(S)/ 버스를 타고(how)/ 음식을 사러(why)/ 가게에(where) /갔다(V)'고 이야기한다. 그러나 미국인들은 '나는(S)/ 갔다(V)/ 가게에(where) /음식을 사러(why) /버스를 타고(how)'라고 말한다. 한국인들은 주어를 먼저 이야기한 후 미국인들이 가장 뒤에 이야기하는 when, how, why, where 등의 부사어를 이야기하고 그 다음으로 who와 what을 이야기하고 영어를 쓰는 사람들이 주어 다음으로 사용하는 동사를 맨 뒤에 사용한다. 이와 같이 영어를 사용하는 사람들과 한국어를 사용하는 사람들은 서로 완전히 거꾸로 생각하는 사고구조를 가지고 있는 것이다.

그런데 중국인들은 또 다른 사고구조를 가지고 있다. 중국인들은 주어를 이야기한 후에 한국인들처럼 when, where, why, how등의 부사어를 이야기한다. 그 다음은 영어처럼 동사를 먼저 사용하고 그 다음으로 who와 what을 사용한다. 다시 말하면, 중국어는 한국어를 쓰는 사람들과 영어를 쓰는 사람들의 중간적인 사고를 가진 것이다.

일반적으로 각 언어를 살펴보면 다양하고 복잡한 언어구조를 갖는 것처럼 보이지만 모든 언어는 소위 1대 원리라고 불리는 한 가지 형태(pattern)로 표현할 수 있는 것이다. 따라서 이 한 가지 형태로 완전히 이해하고 익히면 그 언어의 사고구조를 익힐 수 있는 것이고 다른 언어의 사고구조로 변환시킬 수 있는 것이다. 이를 통해 다른 언어의 구조를 익힘으로써 짧은 시간에 언어를 효과적으로 습득할 수 있다.

벨 5차원 영어 구조 알기

- 영어는 결국 1형식밖에 없다.
  · 주어/ 동사 — 1형식
  · 한국어 : 나는/ 갔다

· 영   어 : 나는/ 갔다 ▶ I/ want

 이제 영어가 얼마나 간단하고 단순한 구조를 갖고 있는지를 확인해 보도록 하자. 영어를 기존의 5개의 형식으로 조립한 것을 하나하나 펼쳐보면, 결국은 1개의 큰 원리에 의해 조립되어 있다는 것을 알 수 있다.
 주어/동사의 형태로 쓸 수 있으며 이런 문장은 1형식 문장이라고 부른다. 이런 1형식 문장은 한국어와 어순이 같기 때문에 쉽게 이해할 수 있다.

· 아브라함은/ 대답했다 ▶ Abraham/ replied
· 하나님은/ 말씀한다 ▶ God/ speaks
· 예수님은/ 걸으셨다 ▶ Jesus/ walks
· 예수님은/ 우셨다 ▶ Jesus/ weeps

■ 2형식도 결국은 1형식이다.
· 주어/ 동사/ 보어 ― 2형식
· 한국어 : 나는/ 갔다
· 영   어 : 나는/ 이다. / 그리스도인 ▶ I/ am/ a christian.

 "나는/ 그리스도인이다"라는 문장의 경우 '그리스도인이다'라는 동사는 없고 '그리스도'라는 명사만 있기 때문에 '나는/ 이다/ 그리스도인' 즉 'I/ am/ a christian'과 같이 표현한다. 즉 be 동사와 명사가 합쳐져서 동사의 역할을 한다. 'Isaac is faithful'이라는 문자의 경우도 '신실하다'라는 동사는 없고 '신실한'이라는 형용사만 있기 때문에 '이삭은/ 이다 / 신실한' 즉 'Isaac/ is/ faithful'과 같이 표현한다. 즉 be 동사와 형용사가 합쳐져서 동사의 역할을 한다.
 1형식의 동사는 그 자체로 완전하므로 다른 보충어구가 필요하지 않지만, 2형식의 동사는 불완전하기 때문에 보충해주는 명사나 형용사가 필요하다. 즉 1형식에서 동사 혼자서 하던 일을 2형식에서는 동사와 보어가 합쳐져야만 할 수 있는 것이다.

    2형식의 동사＋ 보어＝ 1형식의 동사 역할

요컨대, 2형식은 필요로 하는 동사는 없고 명사나 형용사만 존재하기 때문에 'be동사＋명사' 또는 'be 동사＋형용사' 등으로 만들어 쓰는 것으로, 결국 '1형식의 다른 형태'로 이해할 수 있다.

- 리브가는/ 한 처녀이다 ▶ Rebecca/ is a virgin.
- 아브라함은/ 늙었다. ▶ Abraham/ was old.
- 두 나라가/ 너 안에 있다. ▶ Two nation/ are within you
- 예수님은 선한 목자이다. ▶ Jesus/ is the good shepherd

■ 3형식도 결국은 1형식이다
- 주어/ 동사/목적어 – 3형식
- 한국어 : 나는/ 성경을 읽는다
- 영 어 : 나는/ 읽는다 / 성경을 ▶ I / read / Bible

3형식부터는 영어 구조와 한국어 구조의 차이가 확실해진다.
- 한국어 : 하나님은/ 나를/ 사랑한다.(주어/ 목적어/ 동사)
- 영어 : 하나님은/ 사랑한다/ 나를(주어/ 동사/ 목적어)

즉 'God me love' 가 아니라 'God love me' 라고 써야 한다.
- 예수님은 잠잠케 했다/ 폭풍을 ▶ Jesus calms/ a storm
- 그들은 고백했다/ 그들의 죄를 ▶ They confessed/ their sins
- 예수님은 먹이셨다/ 오천명을 ▶ Jesus feeds/ five thousand men
- 바울을 방문했다/ 야곱을 ▶ Paul visits/James

1형식의 동사는 그 자체로 완전하므로 다른 보충어구가 필요하지 않지만, 3형식의 동사는 목적어가 따라와야 궁금증을 완전히 해소할 수 있다. 그러므로 3형식이란 1형식에서 동사의 특성상 궁금증을 풀기 위해 목적어를 붙여놓은 것으로 생각할 수 있다.

3형식 = 주어 + 동사(1형식) + 궁금한 것①

■ 4형식은 동산의 특성상 궁금한 것이 2개가 붙은 1형식의 변형이다.
· 주어/ 동사/ 간접목적어/ 직접목적어 — 4형식
· 한국어 : 나는/ 내 딸에게/ 성경을/ 주었다.
· 영어 : 나는/ 주었다/ 내딸에게/ 성경을 ▶ I /gave/my daughter/bible

이렇게 '주어/동사/간접목적어/직접목적어' 의 어순을 가진 문장을 4형식 문장이라고 한다. 이때 간접 목적어는 대개 사람으로 '~에게' 라고 해석하며, 직접목적어는 대개 사물로 '~를' 이라고 해석한다.

· 나는 가르칠 것이다/ 너에게/사람잡는 것을
  ▶ I wil teach/you/to catch men
· 모세는 말했다/ 그 백성에게/예배를 준비할 것을
  ▶ Moses told people to get ready for worship
· 하나님은 주었다/모세에게/기적적인 힘을
  ▶ God gives Moses mirclous power
· 그는 허락했다/ 나에게/말하는 것을 ▶ He allowed me to speak

4형식 = 주어 + 동사(1형식) + 궁금한것① + 궁금한 것②
따라서 4형식은 동사 뒤에 나오는 궁금한 내용이 조금 복잡해진 1

형식의 변형에 지나지 않다. 그런데 이 경우에는 앞에서 설명한 대로 영어식 사고구조에서는 우선 누구(who)에 관심을 갖고 다음에 무엇(what)에 관심을 갖는다는 것을 알 수 있다.

- **5형식은 '1형식+1형식' 이므로 결국 1형식이다.**
- · 주어/ 동사/ 목적어/ 목적보어 — 5형식
- · 한국어 : 나는/ 너를/ 가도록/ 하게 할 것이다.
- · 영어: 나는/ 하게 할 것이다/ 너를/ 가도록
  ▶ I / will let/ you/ go

이와 같은 5형식의 문장은 한국어에 없기 때문에 이런식의 영어 문장이 나오면 어렵게 느껴진다. 이때 '목적어/ 목적어보어' 는 의미상 '주어 / 동사' 의 관계를 이룬다. 따라서 5형식은 결국 '주어/ 동사', '주어@/ 동사@' 로 이해하면 간단하다.

- · 나는 이름 지었다/ 그가 모세라고 ▶ I named / him/ Moses
- · 하나님을 만들었다/ 요셉이/ 형통하게
  ▶ God made/ Joseph/ sucessful
  모세는 보았다/이집트인/히브리인을 죽이는 것을
  ▶ Moses saw/ an Egyptian/ kill a hebrew
- · 예수님은 고치셨다/ 소경을 / 날때부터
  ▶ Jesus heals/ a man/ born blind

5형식의 경우에는 주어+동사 다음의 문장이 먼저 누구(who)를 생각하고 다음으로 무엇(what)을 생각하는 구조로 되어 있다는 것을 알 수 있다. 단 1대 원리의 순서는 강조하고자 하는 말을 앞으로 보내려는 습관 때문에 가끔 변하기도 한다.

한국 사람이 일본에 가서 약 6개월만 지내면 일본어를 유창하게 한다. 그런데 미국 사람들 중에서는 3, 4년을 일본에 살아도 일본어에 매우 서툰 사람이 많다. 일본어의 어순이 한국어의 어순과 거의 동일하기 때문에 한국 사람들은 사고구조의 변환이 없이도 단어만 알게 되면 쉽게 일본어를 구사할 수 있는 것이다. 미국 사람들에게는 일본어의 어순과 영어의 어순이 반대여서 사고 구조의 변환이 용이하지 않기 때문에 쉽게 일본어를 익힐 수 없는 것이다.

그래서 다른 나라의 언어를 배우기 어려운 것은 언어 자체가 어려워서가 아니라 각 언어가 가지고 있는 구조의 형태(Pattern)의 거리가 멀기 때문이다. 따라서 다른 언어의 사고구조 형태를 먼저 체득하고 언어를 배우면 누구나 쉽게 빠르게 외국어를 배울 수 있는 것이다.

5차원 영어 훈련

| 외국어 이해 훈련 |

I tell you/ the truth,/ anyone/ who has faith/ in me/ will do/ what/ I have been doing. He will do/ even greater things/ than these,/ because/ I am going/ to the Father. And/ I will do/ whatever you ask/ in my name,/ so that/ the Son may bring glory/ to the Father. You may ask me/ for anything/ in my name,/ and/ I will do it.

- Summary
  · Anyone who has thruth faith in me.
  · And then you may ask me for anything in my name, I will do it.

- Subject
  · I will do what ever you ask in my name.

- Title
  · You may ask me

| 외국어 이해 훈련 |

> 내가 진실로 진실로 너희에게 이르노니 나를 믿는 자는 나의 하는 일을 저도 할 것이요 또한 이보다 큰 것도 하리니 이는 내가 아버지께로 감이니라 너희가 내 이름으로 무엇을 구하든지 내가 시행하리니 이는 아버지로 하여금 아들을 인하여 영광을 얻으시게 하려 함이라 내 이름으로 무엇이든지 내게 구하면 내가 시행하리라

- Answer

나는 말한다/ 너에게 진실을/ 누구나 믿음을 갖는 자는/ 나를/ 할 것이다/ 내가 했던 것을/ 그는 할 것이다/ 똑같은/ 더 큰 것을/ 이보다/ 왜냐하면/ 나는/ 갈 것이다/ 아버지께로/ 그리고/ 나는 할 것이다/ 네가 구하는 것을/ 내 이름으로/ 이것은/ 아들은/ 가져온다/ 영광을/ 아버지에게/ 너는 구할 수 있다/ 나에게 무엇이든지/ 내 이름으로/ 그리고/ 나는 줄 것이다/ 그것을

발성구조변환학습법

외국인들의 표준 발음을 하여 그들의 말을 알아듣고 또한 그들이

알아들을 수 있는 소리를 내려면 어떻게 다른 소리를 내는가를 명확히 알아야만 한다. 일반적으로 다음 3가지 경우를 이해할 때 매우 쉽게 외국어를 듣고 말할 수 있는 능력을 가질 수 있다.

▶ 성조

성조란 소리의 높낮이를 말한다. 한국말이나 영어는 음의 높낮이에 따라 그 뜻이 변하지 않으므로 성조에 관해서 관심도 없고 크게 중요성을 느끼지 못한다. 하지만 중국어는 성조에 따라 뜻이 달라지므로 매우 중요한 요소이다.

중국어에서 같은 ma라는 소리도 성조에 따라 4가지의 다른 뜻을 가진다. 즉, 1聲인 ma(→)는 어머니란 뜻을 가지고, 2聲인 ma(↗)는 옷감이란 뜻, 3聲인 ma(˅)는 말이라는 뜻, 마지막으로 4聲인 ma(↘)는 욕하다라는 뜻을 가진다.

하지만 한국 사람이 영어를 배우거나 미국 사람이 한국어를 배우는 데는 성조가 매우 중요한 역할을 하게 된다. 예를 들면 한국 사람은 mother 의 ma를 ma(↘)라고 중국어의 4성과 비슷하게 발음을 한다. 그러나 미국사람들은 이와는 다르게 ma(↗, ˅)라고 중국어의 2성이나 3성처럼 발음한다. 다시 말하면 서로 말하는 성조가 다르기 때문에 영어공부를 오래 해도 한국 사람들이 영어를 알아듣지 못하고, 또 그렇기 때문에 영어로 잘 말할 수도 없는 것이다. 따라서 각 언어의 성조를 이해하고 이를 익힐 때 매우 쉽게 듣고 말할 수 있는 능력을 갖게 된다.

▶▶ 발음

각 나라의 말은 각각의 독특한 음가를 가진다. 한국말의 '타' 와 영어의 'ta(타)' 는 전혀 다른 소리가 난다. 한국말의 '취' 와 중국어의 '喰(취)' 도 역시 다른 소리를 낸다. 이런 이유는 각 나라 사람마다 소리를 낼 때 혀와 입술, 목 등의 발성구조가 다른 형태를 취하기 때문이다.

한국 사람들은 혀를 꼬부리지 않고 평평하게 펴서 발음을 하지만 미국 사람들은 혀가 꼬부라진 소리를 내며, 중국 사람들은 중간 정도의 발성구조형태를 가진다. 한국 사람들은 목 떨림이 없는 무성음이 대다수인데 영어는 대다수 목 떨림이 있는 유성음이고, 중국어는 이것이 적당히 섞여져 있다. 따라서 혀와 입술의 움직임과 목의 떨림 정도를 잘 이해하면 매우 좋은 외국어의 소리를 낼 수 있는 것이다.

▶▶▶ 연음

한자 한자 읽어주면 쉽게 들리는 소리가 문장 가운데서는 잘 안 들리는 경우가 있는데 이것은 음들이 연결되면서 발음이 변하기 때문이다. 예를 들면 '발음이 좋다' 란 말이 '바름이 조타' 라고 바뀌기 때문에 쉽게 들을 수 없다. 영어에서도 'in front of' 가 'in fron tev' 로 다르게 발음이 되므로 듣기가 어렵다. 그러므로 연음의 원리를 알고 익혀야 듣고 말하기가 되는 것이다.

다중언어 능력의 중요성

실제로 지구상에 수많은 언어가 있지만 특별히 어려워서 못 배울 언어는 없다. 단지 그 말들이 가진 언어 구조를 알고 서로 알아들을 수 있는 발음을 할 수 있도록 사고구조변환법과 발성구조변환법을 알면 되는 것이다.

이렇게 해서 한 가지 언어를 익히면 또 다른 언어를 익힐 때 이러한 원리를 그대로 활용하면 되는 것이다. 그래서 영어의 사고구조변환학습법과 발성구조변환학습법을 익히면 이 같은 원리로 중국어나

러시아어도 쉽게 배울 수 있는 것이다.

　더구나 이런 훈련을 바탕으로 다중언어 능력을 가질 때 커뮤니케이션 능력만 향상되는 것이 아니라 지력도 더욱 향상된다. 최근 몇몇 연구를 보면 한 가지 언어만 하는 사람보다 다른 외국어를 깊이 있게 익힌 사람이 다른 면에 있어서도 뛰어난 능력을 발휘한다. 따라서 지금과 같은 지식기반사회에서의 다중언어 능력은 필수적이라고 하겠다.

　현대와 같이 전 세계가 하나로 묶여져 있는 이 시대에 이러한 언어의 지식 운영체계의 훈련을 통해 많은 분들에게 도움을 주길 바란다.

3장 | 체력(體力 : Strength)

한 인간이 자신의 달란트를 극대화하기 위해서 건강은 아무리 강조해도 지나치지 않을 만큼 매우 중요하다. 학생이 열심히 공부하기 위해서는 건강해야 하며, 사업가가 사업에 성공하기 위해서도 마찬가지이다. 아무리 의욕이 많고 총명한 두뇌를 가지고 있더라도 건강하지 않으면 결코 일을 성사시킬 수 없다. 건강하면 집중력이 좋아서 모든 문제에 보다 더 잘 대처할 수 있으며, 좀더 단호하고 창조적인 사고를 할 수 있을 뿐 아니라 인내심과 자신감을 가지고 일할 수 있다.

건강의 중요성에 대해서는 누구나 잘 알고 있다. 그러면 과연 어떻게 해야 건강해질 수 있을까? 균형 잡힌 영양 섭취, 충분한 휴식, 보약 등 건강을 지키기 위한 방법은 많이 있지만 그보다 더 근본적인 것은 우리 몸의 특성을 잘 파악하여 평소에 꾸준히 규칙적이고 효과적인 운동을 하는 것이 중요하다.

체력이 뒷받침되지 않으면 버티고 싶어도 못 버티게 된다. 체력이 있어야 교회에서도 봉사할 수 있고 예배도 잘 드릴 수 있다. 그러나 체력에 한계에 오면 하고 싶어도 하지 못한다. 마음은 원이로되 육신이 약해서 어쩔 수 없는 것이다. 책을 읽는 것도 체력이 버티어 주어야 가능하다. 체력이 뒷받침되지 않으면 앉아 있고 싶어도 앉아 있을 수 없다. 믿음 생활도 체력이 따라 주어야 할 수 있다.

건강의 핵심 요소 다섯 가지

1 바른 자세를 갖지 않으면 건강하기 어렵다

자세가 바르지 못하여 발생되는 수많은 병들이 있다. 운동하는 사람들이 기본적으로 하는 말은 사람의 '등뼈'만 제대로 펴주면 건강할 수 있다고 한다. 등뼈가 굽으면 척추 안에 있는 온갖 신경들을 다 건드리게 되어 신경계가 병이 든다. 그리고 내장이 뒤틀려서 여러 가지 좋지 않은 영향을 받게 된다.

사람들을 바닥에다 눕혀 놓고 발의 길이를 비교해 보면 양쪽이 똑같은 경우는 거의 없다고 한다. 등뼈가 굽었기 때문이다. 그래서 누웠을 때 양쪽 발끝의 길이가 똑같아질 때까지 운동을 시킨다고 한다. 그만큼 바른 자세가 중요하다.

그런데 사람은 항상 자세를 바르게 하기 어렵다. 왜냐하면 금방 잊어버리기 때문이다. 굽은 자세로 앉아 있는 것이 편하니까 의식하지 않으면 바른 자세로 앉기가 힘든 것이다. 그런데 우리가 바른 자세가 중요하다는 것을 깨닫기만 한다면 의식이 있을 때마다 자세를 바르게 하려고 애쓰게 된다. 버스를 탈 때나 의자에 오래 앉아 있을 때에 바르지 못한 자세로 앉아 있다가도 "아, 이것이 아니지."라고 생각이 들어 허리를 펴고 바르게 자세를 교정하는 사람과 그렇지 않은 사람과는 건강에 엄청난 차이가 있다. 이는 매우 중요한 것이다.

바른 자세를 갖기 위한 운동으로서 허리 곧게 펴기, 허리 뒤로 젖히기, 허리 숙여 뻗기, 몸통 돌리기 등이 있다.

2 부드러운 관절이 중요하다

우리의 신체를 유지시켜 주는 네 가지 요소는 근육, 뼈, 피의 순환, 그리고 마음이라고 한다. 그 중의 하나인 뼈의 가장 중요한 부위는 골격이 아니라 뼈와 뼈 사이의 관절이다. 관절을 통해서 모든 순환기들이 연결되는데, 자세히 보면 우리 몸에는 특별히 노력하지 않는 한 일생을 별 운동 없이 살아가는 관절이 많다. 예를 들면 오른쪽 손목에 비해 왼쪽 손목은 잘 움직이지 않는다. 발목도 거의 운동을 해볼 기회가 없다. 요즘은 인사성마저 없어져서 목도 꼿꼿하게 세우고 다니기 때문에 목 관절도 굳어져 있는 경우가 많다.

우리 몸의 관절 중에서 가장 중요한 세 부분을 삼수(三首)라고 하는데 목, 손·발목, 허리를 말한다. 삼수가 튼튼한 사람이 참으로 건강한 사람이다. 바른 자세를 갖는 것과 몸의 관절을 다 풀어 줌으로써 부드러운 몸을 갖는 것이 건강의 핵심적인 요소들이다.

관절운동은 일하다가 쉬는 시간이나 자투리 시간을 이용하는 것이 효과적이다. 발목으로 마(馬)자 쓰기, +발가락 돌리기, 무릎 돌리기, 허리 돌리기, 손목을 × 자로 비틀기, 어깨 돌리기, 목으로 봉(鳳) 쓰기 등이 있다.

3 내장운동을 통해 잘 배설하여야 한다

배설을 못하는 사람은 건강에 심각한 문제가 있는 것이다. 주변에 변비를 겪고 있는 사람들이 많이 있는데, 배설을 잘 해주어야 몸에 독소가 남지 않는다. 또한 피부도 고와지고 건강한 모습으로 살아갈 수 있는 것이다.

배설을 잘하기 위해서는 우리의 내장을 활동력 있게 만들어 주어야 한다. 평소에 내장에 신경 쓰지 않고 몸을 마구 학대하면 위도 반항을 하게 된다. 그런 사람은 아무리 근육이 발달하여도 건강과는 거리가 먼 사람이다.

　내장을 활동력 있게 만들어 주는 방법은 여러 가지가 있다. 자리에 가만히 앉아 배의 근육을 움직여서 위장, 콩팥, 창자들의 내장을 자극한다. 옛날에 어머니들이 약손이라고 문질러 주면 아픈 곳, 뭉친 곳이 부드럽게 풀어져서 편해지는 것도 같은 맥락이라 볼 수 있다.

　내장운동은 자기 전에 하는 것이 효과적이다. 손가락으로 복부 주무르기, 허리 주무르기, 손가락 주무르기, 발 주무르기 + 발 두드리기 등이 내장을 튼튼하게 하는 방법이다.

　4 오관이 튼튼해야 한다.

　오관이라고 하면 눈, 코, 귀, 혀, 입 등 인간 활동에 가장 중요한 다섯 부위를 말하는데, 역시 현대인들이 몹시 약한 부분이다. 우리의 신체 중에서 외부와 접촉이 가장 많은 부위들이어서 이 부위들을 강화시켜 주어야 건강한 몸을 유지할 수 있다. 눈도 피로를 풀어주어야 하고 코도 눌러 준다. 얼굴의 구조를 자세히 살피면 눈, 코, 귀, 입이 다 하나로 연결되어 있다. 이 연결된 부위를 깨끗이 관리하고 건강할 수 있도록 수시로 훈련을 해야 된다.

　오관운동은 아침에 일어나서 행하는 것이 효과적이다. 아침에 일어나면서 온 몸 가볍게 두드리기를 시작으로 세수하면서 하면 효과적이다.

- ▶ 눈 운동 — 눈 주위의 뼈를 부드럽게 눌러준다. 또 눈동자를 상하 좌우, 대각선 원모양으로 돌려서 안구의 근육을 풀어준다.
- ▶ 코 운동 — 코를 위 아래로 20회 비빈다.
- ▶ 귀 운동 — 집게손가락과 가운데 손가락 사이에 귀 바퀴를 끼우고 아래위로 귀를 20회 비빈다.
- ▶ 치아 운동 — 어금니를 20회 딱딱 부딪치고 앞니도 20회 딱딱

부딪쳐 준다. 또 혀로 잇몸을 힘입게 눌러준다.
▶ 혀와 편도 운동 ─ 혀를 턱밑으로 최대한 내미는 방법으로 혀와 목 내부의 편도를 강화해 준다.

5 잠을 깊이 잘 수 있는 능력이 중요하다.

피로를 푸는 가장 근본적인 방법은 잠이며 쉬는 것의 핵심도 잠이다. 무턱대고 많이 자는 것이 아니라 피로를 풀 수 있는 데까지 깊이 자는 것이 중요하다. 만약 깊이 자지 못하면 오래 자야 한다. 깊이 잠들 수 있으면 잠의 길이를 점점 줄일 수 있으며 피로는 더 잘 풀리는 것이다.

만일 우리가 자신의 적정 수면시간보다 더 자게 되면 시간을 버리게 되는 것이고 그만큼 인생을 짧게 사는 것이 된다. 또한 내가 잘 시간보다 덜 자면 자신의 몸을 헤치는 결과를 가져오게 된다. 깊이 잠들어서 자신에게 맞는 적정 수면시간을 찾는 것이 건강에 있어서 매우 중요하다.

자기 전에 심호흡을 하면 깊이 잠드는 데 도움이 된다. 고르고 길게 쉬는 것이 중요하며 복식 호흡이 좋다. 또한 항문수축 호흡을 통해 치질을 예방한다.

잠을 깊이 자는 방법 중에 중요한 두 가지 원칙이 있다. 잠이 안 올 때는 우선 몸의 힘을 빼고 발바닥을 두드린다. 또한 따스한 물로 발을 씻어 준다.

벨 교육에서의 체력이란

벨 교육 프로그램에서의 체력이란 미스터 코리아처럼 든든한 몸매를 과시하는 것이 아니다. 건강함보다는 성결함을 더 중요시하는데 이는 자신을 바르게 지킬 수 있는 힘이라고 할 수 있다. 건강법을 열심히 훈련하여 우리 몸이 건강해졌다 할지라도 함부로 사용한다면 몸이 약하여 제대로 활동하지 못하는 것보다 못하다.

바울 사도는 고린도전서 10장 31절에 "그런즉 너희가 먹든지 마시든지 무엇을 하든지 다 하나님의 영광을 위하여 하라"고 말씀하고 있다. 그러므로 성경에서 말하는 체력은 단순히 몸의 건강만을 의미하지 않는다. 성경에서 말하는 체력은 성결함과 깊은 연관이 있는데, 우리가 성결함을 간직해야 하는 이유는 우리 몸이 하나님의 성전이기 때문이다.

> 너희가 하나님의 성전인 것과 하나님의 성령이 너희 안에 거하시는 것을 알지 못하느뇨 누구든지 하나님의 성전을 더럽히면 하나님이 그 사람을 멸하시리라
> (고린도전서 3:16 ~ 17)

요즘 사람들은 외모에 너무 신경을 쓴다. 살 빼는 약이라면 아무리 비싸도 먹어야 하는 사람들, 성형수술을 통해서라도 예뻐져야 한다는 생각이 하나님의 성전을 더럽히고 있다. 하나님의 성전인 자기의 몸을 잘 관리해야 성경에서 말하는 실력 있는 리더가 될 수 있는 것이다.

우리는 성결함을 분명하게 지켜야 한다. 건강한 몸이 건강한 정신을 낳고 체력이 국력인 것처럼, 하나님의 몸을 성결하게 가꾸는 자에게 위로부터 주시는 성령의 능력이 부여되기 때문이다.

4장 | 자기 관리 능력(Self-management)

진정한 실력자가 되려면 자기관리 능력이 뛰어나야 한다. 똑같은 에너지를 가지고 있더라도 이것을 어떻게 사용하는가에 따라 결과가 완전히 달라질 수 있다. 그러므로 에너지를 얼마나 많이 갖느냐 못지 않게 이를 어떻게 사용하느냐는 더 중요하다.

시간은 하나님이 우리에게 주신 특별한 축복이다. 이 시대를 살아갈 수 있도록 하신 하나님의 섭리가 있다. 이 24라는 에너지는 세상에 사는 누구에게나 똑같이 주어졌는데 이것을 허비하고 사는 사람이 있다. 그래서 실제적으로 하루 동안에 효과적으로 사용한 에너지가 1 정도밖에 안 되는 사람들도 있다.

예를 들어 한 사람이 한 달에 1,000이라는 에너지를 벌어들였는데 900을 쓰고 100 정도 남았다고 하자. 그런데 또 한 사람은 비록 500이라는 에너지를 벌여 들였지만 200 정도를 저축한다면 실제로는 200의 에너지를 저축한 자가 자기 관리를 효율적으로 하고 있는 것이다. 결국 얼마나 많은 시간을 가지고 있는가가 중요한 것이 아니라 그 시간을 효과적으로 쓸 수 있는 힘이 있어야 한다. 요즘 청소년들이 카드를 남발하여 문제를 일으키는 일이 많이 있다. 들어오는 에너지는 없는데 쓰고자 하는 에너지가 너무 많으므로 생기는 문제이다.

시간을 체크할 줄 알아야 한다. 우선적으로 해야 할 일이 무엇인가를 알아야 한다는 말이다. 아무 생각 없이 보내는 자투리 시간을 제대로 활용해야 한다.

너무 바빠서 잠잘 시간이 없다고 하던 어떤 분이 자투리 시간 활용하는 것을 훈련하고 나서는 아직 사용할 수 있는 시간이 4시간이나 더 있다고 하였다. 시간을 짜서 살아가는 훈련은 우리의 삶에서 상당히 중요하다. 돈 관리는 열심히 하고 가계부도 잘 쓰는데 시간 관리에 대해서는 너무 관대하다. 그렇게 살면 실력 있는 자가 될 수 없다.

또한 아무 생각 없이 사는 사람들도 많다. 우선순위와 중요한 일에 대한 구분이 없는 것이다. 그러니까 옆집 아주머니가 시장 가자고 하면 아무 볼일 없이 백화점에 가서 몇 시간 동안 헤매며 다니기도 한다. 자녀들도 마찬가지로 자기를 통제하지 못하는 경우가 많다. 하고 싶은 대로 다 하고 먹고 싶은 대로 다 먹고, 몇 시간 동안 전화를 붙잡고 있기도 하다.

디 헌터라는 사람이 성공한 리더들의 자기관리 능력이 얼마나 탁월한지에 대한 조사를 한 적이 있다. 놀랍게도 그들은 자기 자신을 위해서 50%의 시간과 에너지를 쓴다는 보고를 하였다.

시간은 지금도 흘러가고 있다. 이 시간을 자기관리에 쓰지 않으면 이 땅에서 하나님이 쓰시는 실력 있는 리더로서의 성숙함을 보여준다는 것은 불가능하다. 나는 내 자신을 너무 몰아 부치므로 피곤하지 않은가? 시간관리를 제대로 하고 있는가? 적당히 쉬고 자신을 돌아볼 수 있는 시간이 있는가?

리더가 발전을 하지 않으면 그가 속한 직장이나 학교나 가정은 한층 성숙할 수가 없다. 자기를 관리하는 통제력이 얼마나 건강한가가 리더의 핵심이다.

예수님의 리더십은 셀프 리더십이었다. 그는 군중들의 환호에 마음이 들떠 있지 않았다. 의도적으로 군중들에게서 자신을 뺐다. 그리고 자신을 충전시키는 시간을 가졌다. 세상을 변화시키려는 사람들은 자기 자신부터 개혁하여야 한다.

없어지지 않는 시간 활용법

　인간은 물질이나 명예, 권력, 지식, 건강 등을 많이 소유하고 있지만, 이것들은 모두 자기 자신이 조절할 수 있는 것이 아니다. 가지고 있는 돈은 어느 날 한꺼번에 없어질 수도 있으며 건강도 하루아침에 잃어버릴 수 있다. 명예나 권력도 마찬가지이다.
　하지만 우리 목숨이 끊어질 때까지 자기 자신이 조절할 수 있는 유일한 것이 있는데 그것은 바로 시간이다. 시간을 잘 조절하여 사용하면 자기 인생을 통해 중요한 것을 얻을 수 있다. 그렇기 때문에 시간을 얼마나 잘 조절하고 관리하느냐는 우리 인생에 있어서 아주 중요한 요소가 된다. 벨 교육에서 자기관리 능력을 기른다는 것은 시간을 효과적으로 사용하도록 훈련하여 효율을 높이는 것이다.
　자기 자신을 스스로 관리할 수 없는 사람은 실력이 없는 사람이다. 왜냐하면 자기 자신을 관리하는 능력이 없는 사람은 절제된 삶을 살기 어렵고, 절제하지 않는 사람은 헌신된 삶을 살기 어렵기 때문이다. 절제하고 헌신된 삶을 사는 사람만이 자신을 주도해 나갈 수 있으며 이런 사람만이 어떤 일을 실력 있게 처리할 수 있는 힘을 갖게 된다.
　시간을 체크할 줄 알아야 한다. 우선적으로 해야 할 일이 무엇인가를 알아야 한다는 말이다. 아무 생각 없이 보내는 자투리 시간을 제대로 활용해야 한다.

왜 성경교육이 세상교육을 압도할 수 있는가? 세상교육으로 자기관리, 시간관리는 할 수 있을 것이다. 그러나 많은 유혹으로부터의 절제할 수 있는 힘은 성령님만이 하실 수 있기 때문이다.

마약만 중독이 되는 것이 아니다. 게임 중독, 인터넷 중독, 일 중독, 노래 중독, 도박 등……. 이런 여러 가지 다양한 사탄의 문화로부터 절제할 수 있는 진정한 힘은 하나님의 능력으로만 가능하다.

지금 이 시대는 마치 무덤가를 헤매고 있는 자를 보는 것 같은 착각을 일으킬 때가 많다. 사탄의 문화에 매여 정신없이 헤매는 자들을 보면 안타깝기 그지없다. 그러나 그런 자라도 예수님을 인격적으로 만났을 때 쇠사슬을 풀고 온전한 새사람이 된다. 먹을 것 다 먹고, 하고 싶은 대로 다하고, 쓰고 싶은 대로 다 쓰는 자기관리 통제가 되지 않는 상황에서 성령님은 절제시킬 수 있는 힘을 주기 때문이다.

절제의 능력을 발휘하지 못하면 진정한 리더는 될 수 없다. 그 절제의 힘을 발휘할 수 있는 자가 실력 있는 리더로 쓰임 받을 수 있는 것이다. 하나님이 오늘 나에게 주신 시간 속에 가장 중요한 일, 우선순위의 일을 잘 활용하는 사람은 실력이 있을 수밖에 없다.

예수님은 자기 관리에 투철하신 분이셨다. 일생 전체에 대한 계획을 가지고 30세 때까지 사역을 준비하셨고, 공생애 기간 동안 병든 자를 고치시고 복음을 전파하시며, 제자들을 가르치시고 양육하시는 등 식사할 겨를도 없이 분주하셨음에도 불구하고 하루하루의 시간을 사용하는 데도 철저하신 분이셨음을 기억하자. 예수님은 진정한 실력자셨다.

5장 | 인간관계(Human Relationships)

> 새 계명을 너희에게 주노니 서로 사랑하라 내가 너희를 사랑한 것같이 너희도 서로 사랑하라 너희가 서로 사랑하면 이로써 모든 사람이 너희가 내 제자인 줄 알리라
> (요한복음 13:34 ~ 35)

예수님께서는 이 땅에 오셔서 새로운 계명을 주셨다. 그중에 가장 큰 계명은 사랑이다. 사랑은 어느 때 필요한가? 그것은 관계 속에서만 형성되는 것이다. 나 혼자만의 것이 아니라 나와 너라는 관계 속에서 필요하다.

실력 있는 리더를 보면 사람들이 주변에 늘 있다는 것을 보게 된다. 실력 있는 리더는 결국 인간관계도 풍요롭다. 우리는 누구에게나 편한 사람이 되어야 한다.

인생에서 가장 성공한 사람은 인간관계를 통해 넓은 세계를 추구한 사람이다. 실력 있는 사람은 남의 도움을 받지도 않고 남을 해롭게 하지도 않는 사람이 아니다. 우리는 늘 관계 속에 살고 있다.

교회에서 일어나는 문제도 관계에서 비롯된다. 목사님과의 관계, 성도와의 관계, 제직과의 관계에서 벌어지는 일 때문에 우리는 괴로워도 하고 기뻐도 한다. 은혜는 많이 받았다고 하는데 자기중심이고

자기 받은 은혜만 최고라고 하는 사람들 때문에 교회는 늘 혼란하다. 이것은 학교에서도 적용되고 직장에서도 똑같이 적용된다. 공부를 하는 데도 인간관계가 나쁘면 제대로 하지 않게 된다. 성도들은 자녀들이 스승과의 관계를 잘 유지하도록 도와주어야 한다.

학교에 다닐 때 수학 선생님과 영어 선생님이 아주 대조적이셨다. 수학 선생님은 남자 분이신데 조금의 잘못도 허락하지 않으셨다. 그 선생님에 대한 미움이 쌓이다 보니 반항하고 싶은 마음이 들었고 수학은 당연히 뒤떨어질 수밖에 없었다. 그에 비해 영어 선생은 조금 못하더라도 얼마나 칭찬을 하는지 당연히 그 선생님에게 잘 보이려고 다른 과목보다 더 열심히 하여 영어는 좋은 점수를 받았다.

집안에서도 부부관계가 나빠 싸움이 빈번한 집의 자녀들은 공부를 잘하지 못하는 경우가 많다. 머리가 나빠서가 아니라 관계가 깨졌기 때문이다. 교회도 마찬가지이다. 교회 내에서 모든 일에 화목하게 하는 분이 있는가 하면, 똑똑하지만 인간관계가 원만하지 못하여 자기중심적인 사고를 지녀 남에게 불편을 주는 성도들도 있다.

인간관계에서 가장 기본이 되는 개념은 '인간을 인간으로 보는 것'과 '다른 사람의 입장에서 보는 것'이다. 인간관계를 잘 형성하려면 나 자신을 인간으로 보는 것이 중요하다. 우리가 인간을 인간으로 보지 못하는 근본적인 이유는 자기를 사랑하지 못하기 때문이다. "네 이웃을 네 몸과 같이 사랑하라"는 예수님의 말씀에서도 다른 무엇보다 자기 자신을 사랑하는 것이 가장 선행되어야 함을 보여 주고 있다. 자기를 사랑하지 못하는 이유는 자기의 귀한 점을 보지 못하기 때문이다. 자기를 귀하게 본다는 것은 다른 사람과 비교하여 우월감을 갖거나 교만한 것을 의미하지 않는다. 또한 자기가 잘났다고 의기양양해 하며 남을 업신여기는 것과는 다른 차원의 이야기이다.

겸손하지 못하고 거만하여 잘난 척하는 것은 오히려 자기를 망치게 하는 지름길이다. 겸손한 것과 자기를 비하시키는 것이 다르고 자기를 귀하게 보는 것과 높이 보는 것은 다르다.

　이 세상에서 단 하나뿐인 나 자신은 하나님께서 유일하게 만드신 귀중한 존재이다. 들의 꽃보다, 공중의 나는 새들보다도 더욱 소중히 여기시고, 천하보다 귀한 존재라고 하나님은 말씀하셨다. 이것을 깨닫는 것이 인간관계의 첫걸음이다.
　부정적인 자기 비하를 삼가야 한다. 나는 하나님의 자녀로 엄청난 값을 치르고 사신 고귀한 자라는 인식을 먼저 해야 한다. 예수님의 피 값으로 우리를 사셨다고 한 이 사실을 잊어서는 안 된다. 그러기에 우리는 엄청난 값을 지닌 존재다. 독생자 예수 그리스도가 십자가에 못 박혀 구원해 주신 자라는 사실을 잊어서는 안 된다. 자신이 귀한 하나님의 자녀라는 인식을 하지 않으면 결코 남도 사랑할 수 없다는 것이다.
　하나님의 자녀들이 특권을 잃어버리면 자기 자신을 사랑하지 못하고 좌절하며 자포자기 하게 된다. 그러나 중요한 것은 자기를 귀하게 여기지 못하는 사람은 자기만을 사랑하지 않는 것이 아니라 남을 사랑할 수 있는 힘도 가지지 못한다는 데에 더 큰 문제가 있음을 알아야 한다.

　두 번째는 가족을 인간으로 보는 것이다. 가족들과의 관계에서도 나 아닌 다른 가족 구성원이 귀하지 않게 여길 때 문제가 생긴다. 남편의 입장에서는 아내가, 아내의 입장에서는 남편이 귀하게 여겨지지 않을 때 문제가 생긴다.
　좀 우스운 예를 든다면, 연애할 때 상대방이 무거운 짐을 들고 가면 기쁜 마음으로 그 짐을 들어주려 한다. 그것이 분명 즐거움이고 기쁨이다. 그런 마음이 없어지면 이것은 단순히 물건을 들어주는 문제가 아니라 마음이 달라진 것이다. 상대방을 귀하게 여기는 마음이 희미해진 것이다. 아내가 팔이 아프건 힘들건 상관없다고 생각하는 마음, 그것이 문제인 것이다.

부모와 자식간에도 마찬가지이다. 부모가 아이들의 장점을 보지 못하고 단점만 보면 문제가 생기는 것이다. 아이들의 문제점만을 보고 야단치고 몰아 부치니까 아이는 잔소리로만 듣게 되는 것이다. 부모가 자녀의 귀한 점을 발견하지 못할 때, 또 자녀가 부모에게 존경하는 마음이 사라지고 잔소리하는 사람으로만 여겨질 때 문제가 생기는 것이다.

세 번째는 이웃(친구, 동료)을 인간으로 보는 것이다. 이것은 단순히 관점을 바꾸는 차원이 아니라 본질적인 것을 보는 것이다.

예를 들어 우리가 한 동료를 볼 때 약한 점, 부족한 점만을 보기 시작하면 정말 별 볼일 없는 사람으로 여길 수 있다. 그렇지만 긍정적인 눈으로 장점만을 볼 수 있게 되고, 내면적인 부분까지 볼 수 있다면 엄청나게 강한 것을 볼 수도 있다. 단점이 장점이 될 수 있으며 장점이 단점이 될 수 있다는 사실을 잊어서는 안 된다.

네 번째는 사회와 하나님 나라에 대한 사랑이다. 우리가 가장 경계해야 하고 두려워할 것은 사랑하는 마음을 놓치는 것이다. 위험과 고난이 있을지라도 이 사회가 지킬 만한 가치가 있다고 생각하면 떠나지 않고 끝까지 지킬 수 있다. 직장도 마찬가지이다. 자존감이나 가정, 사회, 직장에 대한 것들도 마찬가지다. 자신을 사랑하지 못하는 사람이 이웃을 사랑한다는 것은 거짓말이다.

가정을 사랑하지 않으면서 사회나 직장을 사랑할 수 없다. 그것이 곧 하나님의 나라를 바르게 확장하는 것이다. 그래서 인간관계 훈련은 끊임없이 자기 자신과 가족, 동료, 이웃, 사회의 귀한 점, 장점들을 찾아보게 하는 것이다. 이런 훈련을 통해 자기 자신과 다른 사람에 대해 긍정적인 생각들을 갖게 되고 자존감을 갖는다면 인간을 인간으로 볼 수 있으며 자신의 달란트를 최대한으로 발휘하는 데 큰 힘이 될 수 있을 것이다.

불화는 내 입장에서 남을 바라보고 서로의 차이점을 다른 것(different)으로 보지 못하며 나쁜 것(bad)으로 보기 때문에 생기는 경우가 많다. 동료가 서로 만나 "안녕하세요?" 하고 인사하면 "예." 라고 하면 되는데 "그것을 왜 물어요?"라고 한다면 문제가 보통 심각한 게 아니다. 남을 생각하는 것보다 나 중심의 생각이 들 때는 그런 대답이 나오는 것이다. 그런 사람들이 모인 집단은 행복한 삶을 기대할 수 없다.

얼마 전 고3 자녀를 둔 어느 집사가 말하기를 자기 아들이 가장 친한 친구와 서로 경쟁자가 되어 버렸다고 했다. 우정보다 "너를 넘어야 내가 산다."는 경쟁 속에 친구와 말도 안 하고 공부만 하는 사람이 되었다는 하소연이다. 그렇게 살아가는 아이들은 나중에 성적은 높을 줄 모르지만 자기중심적인 사고로 가득 차게 되어 사회에서 실력 있는 자가 될 수 없다.

예수 믿는다고 하면서도 자기가 맡은 일을 열정적으로 하지 못하는 사람들은 '내가 정말 예수님을 잘 믿는 것인가?'를 다시 한 번 생각해 보아야 한다.

상도라는 소설이 한동안 TV에 방영된 적이 있었다. 마지막회에 임상옥이라는 사람이 정치수를 찾아와 이렇게 말하는 장면이 있었다.

"당신은 상당히 똑똑한 머리를 가지고 있었습니다. 그리고 상인으로서 탁월한 재능을 가지고도 있었습니다."

그러면서 뼈 있는 말을 그에게 던진다.

"그러나 당신은 그 머리를 가지고 돈만 벌기 위하여 수단과 방법을 가리지 않았습니다. 그러기에 돈은 얻었는지는 몰라도 사람을 잃었습니다. 그러나 나는 돈을 벌려고 하지 않고 사람을 벌려고 했습니다. 지금 마지막 이 시점에 돈을 벌려고 하는 당신은 모든 것을 잃었습니다. 나는 사람을 잃으려고 하지 않았기에 모든 것을 얻었습니다."

이것이 상도의 결론이었다. 그렇다. 우리는 돈은 잃을 수 있다. 그러나 참된 실력자는 사람을 잃지 않는 것이다. 하나님의 나라에서 가장 중요한 것은 사람이다. 사람을 잃어서는 안 된다. 안타깝게도 이 시대는 돈 때문에 관계를 잃어버리는 시대이다. 사람을 잃고 사는 것이다.

예수님은 하늘의 보좌를 뒤로하시고 인간을 사랑하기 위하여 인간의 모습으로 오셔서 죄인의 입장에 서시는 모범을 보이셨다. 성경교육이 세상교육을 압도할 수 있는 능력은 이곳에 숨어 있다. 잘해 주는 사람에게는 나도 잘할 수 있다. 그러나 원수까지 사랑할 수 있는 힘은 하나님만 가능하다. 세상 교육을 통해서도 우정에 대한 것은 맺을 수 있다. 그러나 원수까지도 사랑할 수는 없다. 예수님의 사랑을 통해서만 진정 남 중심의 마음을 가진 뜨거운 삶을 살 수 있다. 손양원 목사님처럼 자기 자녀를 죽인 원수를 양아들로 삼을 수 있는 힘은 세상에서 얻어지는 것이 아니다. 도덕과 윤리로 가르쳐서 되는 것도 아니다. 원수까지 사랑할 수 있는 힘을 가지고 인간관계를 맺는다면 실력 있는 리더가 될 수밖에 없다.

인간관계를 온전히 회복하는 진정한 힘은 십자가 사랑의 힘이다. 그러기에 참된 실력 있는 리더는 참된 기독교 교육을 통해서만 얻을 수 있는 것이다.

진정한 리더는 땀과 피로 범벅이 된 얼굴로 현장에서 살아남은 사람이다. 끊임없이 노력하고 실수하며 실패하고……. 위대한 열정과 진정한 헌신, 그리고 가치 있는 일에 자기를 바치는 사람들이 진정한 리더이다.

　진정한 그리스도인들이 세상을 주도할 수 있을 때 하나님의 나라가 바르게 세워지리라 본다. 곳곳에 그리스도인들이 있으나 진정한 성경적 세계관을 가진 그리스도인이 드물기 때문에 세상의 흐름에 맞추어 따라가고 있다. 살아 있는 물고기만이 흐르는 물을 거슬러 올라 갈 수 있는 것이다. 그 거슬러 올라 갈 수 있는 힘을 성경에서 찾아야 한다.

　하나님이 찾으시는 이 시대의 리더는 성적순이 아니며 재력순도 아니다. 미모가 영향을 미치지도 않는다. 오직 하나님의 방법대로 성경적인 세계관을 지니고 성경적인 교육을 하고 있느냐일 것이다.

　그러기에 오늘 기독교 교사들의 역할이 더욱 중요하다. 우리가 마음의 힘이 부정적이며 지적인 수준이 떨어지고, 자기를 관리하지 못하고 체력이 떨어지며 인간관계가 부정적일 때 우리는 교사로서의 자질을 상실할 것이다. 왜냐하면 입으로 가르치는 것이 교육이 아니라 삶 자체가 교육이기 때문이다. 세상적인 성공관이나 출세의 가치관을 가지고는 벨에서 말하는 진정한 리더의 힘을 발휘할 수 없을 것이다.

　이렇게 물어보자!

　"나는 내가 속해 있는 각양각색의 조직을 이끌 수 있는 성경적인 원리에 의한 벨의 5차원적인 리더십을 발휘할 수 있을 것인가?"

　그럴 수만 있다면 성경교육이 세상교육을 압도할 수 있음을 볼 것이다. 진정한 리더로서의 힘을 최대한 발휘할 수 있을 것이다. 그것이 오늘 당신에게 주어진 남은 몫이다.

제 5 부   어떻게 성경적 교육으로 실력을 다질 수 있나?

1장   공부를 못하는 이유와 대처 방안
2장   성경적 교육으로 보화 캐기
3장   성경적 교육 "지혜의 샘" 활용법

1장 | 공부를 못하는 이유와 대처 방안

한 회사의 사장이 회사의 발전을 위하여 성적이 우수한 사원을 뽑았다. 그런데 몸이 약해서 자주 결근을 하는 바람에 좋은 결과를 얻지 못했다. 그래서 다음에는 성적도 좋고 건강한 직원을 뽑았으나 부정적이고 소극적인 마음을 가져서 맡긴 일을 잘 해결해 나가지 못했다.

그 다음에는 지력도 뛰어나고 건강하며 마음도 강한 직원을 선발하였다. 그런데 이 직원은 인간관계가 좋지 않아 매일 사장에게 대들기나 하고, 하다못해 지나가는 사람들을 붙잡고 싸우기가 빈번하였다. 결국 이런 사람들을 통해서는 개인뿐 아니라 그가 속한 회사의 능력도 제대로 발휘할 수 없는 것이다.

교회도 역시 마찬가지이다. 이와 같은 성도는 은혜를 받았다고는 하더라도 시기와 질투, 욕심, 자기중심적인 사고로 인하여 늘 교회와 가정에 어려움을 줄 수밖에 없다. 믿음이 없어서가 아니라 그리스도인의 넉넉함을 훈련받지 못했기 때문이다.

공부에도 같은 원리가 적용된다. 공부를 못하는 이유는 단지 공부 문제에만 있는 것이 아니다. 학교에서 10시간 수업하면 보통 10시간을 공부했다고 하지만, 공부를 잘하는 아이는 8~9시간 정도 공부한 것이고, 중간 정도의 아이는 5~6시간, 아주 못하는 아이들은 비록 10시간을 앉아 있었다 하더라도 2~3시간도 채 하지 못한다. 같은 10시간을 공부했다면서 왜 9시간 공부한 사람이 있고 2~3시간밖에 못한 사람이 있을까?

그 이유는 심력이 약하기 때문이다. 의지력이 약하고 동기가 없고 자존심이 없기 때문이다. 학습방법이 나빠도 역시 공부를 잘하지 못한다. 열심히는 할 수 있으나 좋은 결과를 기대할 수 없다는 것이다. 체력도 마찬가지이다. 공부하려는 마음은 있어도 책상 앞에 앉아 있으면 졸립거나 인내력이 없다면 못하는 것이다. 자기관리 능력이 없는 아이들도 그렇다. 시간이 주어져도 어떻게 사용해야 하는지 모른다. 인간관계가 나빠도 공부하는 데 큰 손해를 보게 된다.

그리스도인들이 실력을 키우는 방법은 여러 가지가 있다. 심력이 약한 사람에게는 심력을 키워주고 체력이 약한 사람에게는 체력을 키워주며, 자기 관리 능력이 부족한 사람에게는 자기 관리 능력을 키워 주는 훈련을 시키는 것이다. 공부 방법이 나쁜 친구에게는 좋은 공부 방법을, 인간관계가 좋지 않은 사람에게는 좋은 인간관계를 가질 수 있도록 도와주면 될 것이다.

이 다섯 가지 능력을 극대화시키는 방법을 활용하여 매일 매일 큐티를 할 수 있도록 벨에서 만든 성경적 교육교재가 『지혜의 샘』이다.

그리스도인의 교육은 성적만 향상시키면 되는 것이 아니라 심력, 체력, 지력, 자기관리능력, 인간관계를 골고루 향상시켜야 할 것이다.

일본의 게이오 대학 총장 야스히로 박사는 서울대에서 '선진 산업 국가에서의 교육의 실패'라는 주제로 강의한 적이 있다. 그는 이곳에서 한국 교육의 실패 이유를 이렇게 지적하고 있다.

첫째, 청소년들에게 삶의 의미를 가르치는 것에 실패하였다. 교육은 삶의 의미를 가르치는 것인데 기껏해야 좋은 대학과 좋은 직장에 들어가기 위한 지식의 습득이나 점수 올리기에 중점을 두게 되어 왜 살며, 어떻게 살아야 하는가를 가르치지 못했다.

둘째, 꿈과 비전을 제시하는 것에 실패하였다. 학생 한명 한명과 인격적으로 만나 이 땅에서 어떤 사명감을 가지고 살아야 하는가에 대하여 가르치고 지도자가 되는 비전을 심어 주어야 하는데 실패하였다는 것이다. 그는 곡식이나 나무가 길러지듯이 사람의 꿈과 비전도 길러져야 한다고 말하고 있다.

셋째, 고난을 몸으로 익히도록 하는 일에 실패하였다. 말로 하는 교육, 지식만 습득하는 교육으로 일관하였기 때문이다. 서양 속담에 '조상들의 고난을 습득하지 못한 자는 부모들이 걸었던 고난의 역사를 되풀이한다.'라는 말이 있다. 옳은 말이다. 인생은 고난의 연속인데 고난을 통해 배우지 않는 젊은이는 인생살이에 실패자가 될 수밖에 없다는 것이다.

아이들을 교육시킬 때 중요한 것은 '얼마나 좋은 성적을 내느냐?'가 아니라 그 아이들을 '어떤 인간으로 변화시킬 수 있느냐?' 하는 문제이다. '어떤 인간이냐?'의 문제는 우리 아이들을 전인적이고 실력있는 인간으로 만들기 위해 성경적인 교육을 해야 한다는 뜻이 포함된다. 야스히로 총장이 지적한 교육의 실패를 회복시키는 능력이 하나님의 말씀 안에 있기 때문이다.

성경 안에는 '왜 사는가?' 또는 어떤 꿈을 가져야 하며, 구체적인 삶의 열매를 어떻게 맺어야 하는가를 가르쳐 주는 지혜의 샘이 있다. 결국 성경은 마음과 성품 그리고 힘과 지혜를 모두 합한 전인적인 헌신을 통해 하나님을 사랑하고 이웃을 사랑하는 자녀로 길러 내야 한다는 것을 말씀하고 있다.

우리나라의 교육기관 치고 전인적인 교육을 하지 않겠다는 곳은 한 군데도 없다. 그러나 불행히도 전인 교육을 통해 진정 실력 있고 성숙한 사람을 만들어 내는 곳은 정말 드물다. 전인교육이 중요하다는 것은 모두 다 알고 있다. 누구에게든지 "공부가 제일인가요?" 하고 물어 보면 다들 "인격도 건강도 다 중요하죠." 하고 대답한다. 그런데 지금 당장 전면 교육을 실시하자고 하면 지금은 어려우니 다음에 하자고 한다.

왜 그럴까? 좋은 성적을 얻는 데 지장이 있다고 생각하기 때문이다. 바로 이런 이유로 전면 교육이 어려운 것이다.

2장 | 성경적 교육으로 보화 캐기

1 전체 그림을 볼 수 있는 능력이 있어야 한다.

이것을 '디와이 학습법'에서는 '고공학습법'이라고 한다.

조각그림 맞추기인 퍼즐게임을 생각해 보자. 우선 복잡한 그림이 한 장 있다고 하자. 이 그림을 전혀 보여 주지 않고 100조각으로 쪼개서 흩어 놓고 맞추라고 하면 맞추기도 어렵거니와 맞출 수 있다 하더라도 엄청나게 힘들고 시간이 오래 걸린다. 그러나 완성된 전체 그림을 먼저 보여 주고 맞추라고 하면 훨씬 쉬워진다.

성경 전체를 볼 수 있는 능력을 가지고 있으면 각 장에서 무엇을 이야기하는 것인가 더 쉽게 파악할 수 있다. 그래서 크로스웨이나 벧엘 성경공부나 프리셉트는 전체를 보고 부분을 보는 훈련을 하게 하는 것이다.

이것은 공부하는 데에도 똑같이 적용된다. 공부를 한다거나 더 나아가서 학문을 한다는 것도 조각그림 맞추기 게임과 같다. 여기서 그림 조각 하나하나는 지식이다. 지식의 조각들을 모으는 것만으로는 실력을 높일 수 없다. 마치 설교를 통해 은혜는 받을 수 있지만 지적인 힘이 뒷받침되지 않는 이유는 조각들만 알기 때문이다. 지식들의 유기체적 관계를 이해하고 이들을 모아 전체 그림을 만드는 것이 공부를 잘하는 것이며 학문적인 힘이다.

그런데 지식을 모아 큰 그림을 만들기 위해서는 퍼즐게임에서와 같이 공부하려는 학과목의 전체 그림을 볼 수 있어야 한다. 전체 그림을 보지 못하면 며칠을 분투해도 단지 몇 개의 조각밖에 맞추지 못하는 경우가 많다. 공부를 잘 못하는 이유는 전체 그림을 보지 못한 채 조각난 지식들을 붙잡고 씨름하고 있기 때문이다. 전체 그림을 볼 수 있는 능력을 기르는 것은 학습능력을 크게 향상시킬 수 있는 비결이 된다.

전체 그림을 보기 위해서는 높은 곳에서 바라보아야 한다. 위에서 보아야만 보이는 것들도 있으며, 대부분의 물체들은 위에서 볼 때 더 정연하게 보이기 때문에, 나중에 어떤 장소를 찾아갈 때 훨씬 쉬운 것이다. 이처럼 높은 곳에서 보는 방법을 익힘으로 학습능력을 향상시킬 수 있는 것이다.

이 방법은 단순히 공부에만 활용되는 것이 아니라 모든 삶에서 적용된다. 그리고 이런 훈련을 통해 앞으로 학문을 계속하거나 직장 생활을 할 때도 효과적으로 문제를 다룰 수 있게 되므로 각 분야에서 큰 힘을 발휘할 수 있다.

성경의 교육은 모든 사물을 고공으로 보게 할 수 있는 능력을 갖게 한다. 이곳에 하나님의 비밀이 숨어 있으며 세상을 앞서 갈 수 있는 능력이 위에 계신 하나님으로부터 주어지기 때문이다.

2 모르는 것을 중심으로 공부해야 한다.

공부를 잘하는 비결 중 하나는 모르는 것을 집중적으로 공부하는 것이다. 어떤 문제를 풀었는데 틀렸다고 해서 실망할 필요는 없다. 그 원인을 확인하고 고치기만 한다면 자신의 실력을 향상시킬 수 있는 좋은 기회가 된다.

책 한 권을 놓고 공부를 시작한다고 하자. 잘 아는 부분은 공부하기도 쉽고 진도도 빨리 나가는 것을 경험할 수 있을 것이다. 그러나 전에 한 번도 들어본 적이 없거나 이해하기 어려운 부분은 '다음에 하지.' 하며 지나쳐 버리는 경우가 생긴다. 이런 식으로 책을 한 번 읽고 나면 아는 부분과 모르는 부분이 구별된다.

그런데 공부를 잘하는 사람과 못하는 사람과의 차이는 바로 이곳에 있다. 공부를 못하는 학생은 두 번째도 첫 번째와 똑같이 읽고 만다. 그럼 두 번째 읽을 때도 공부를 한 것이 아니라, 실은 전부터 아는 부분을 한 번 더 복습한 것일 뿐 모르는 부분은 이번에도 완전히 해결하지 못하고 지나간 꼴이 된다.

이 경우 책을 두 번이나 읽었으나 실력이 늘었다고 볼 수는 없다. 아무리 책을 여러 번 보았다고 해도 아는 것을 다시 확인하는 것만으로는 실력을 향상시켰다고 보기는 어렵다. 실제로 많은 사람들이 이런 방식으로 책을 본다. 그런데 공부를 못해서 이런 식으로 보는 것이 아니라 이런 방식으로 공부하기 때문에 공부를 잘 못하는 것이다.

피아노를 연습할 때도 마찬가지다. 처음 쳐서 틀린 부분이 있을 때 곡 전체를 몇 번씩 반복해서 연습하는 것보다 틀린 부분을 집중적으로 연습하는 것이 더 효과적인 것이다.

그러므로 실력을 향상시키기 위해서는 아는 것보다는 모르는 것을 더욱 집중적으로 해야 한다. 그래야 지식의 양이 늘어나게 된다. 뿐만 아니라 자신에게 이런 방식으로 공부하면 인내심과 자신감을 얻어 학습능력을 매우 향상시킬 수 있으며 자신감을 얻게 되는 것이다.

3 쉬운 것을 중심으로 공부해야 한다.

공부를 잘하지 못하는 이유는 현재의 문제라기보다는 과거에 기초를 충분히 쌓지 못했기 때문이다. 즉 과거의 약점들이 모여서 현재의 학습 능력이 떨어지게 된 것이다. 그래서 현재의 학과목만 열심히 하는 것만으로는 충분한 실력을 쌓을 수 없다. 실력을 쌓기 위해서는 저학년 학과목부터 다시 시작하는 것이 필요하다.

 현재의 실력이 충분치 못한데도 현재 학년의 과목만 공부하게 되면 과거로부터 누적된 약점을 보충하는 데도 부족하며, 또한 내용도 어렵게 느껴져 곧 흥미를 잃게 된다. 어려운 책으로 공부해야 실력이 높아질 것이라는 생각은 잘못된 것이다.

 영어를 못하는 사람이 체면 때문에 타임지를 옆에 끼고 다닌다고 실력이 향상되는 것은 아니다. 고등학교 과정이 이해되지 않으면 중학교 것부터 다시 읽어야 한다. 중학교 과정이 이해되지 않으면 초등학교 때 배운 것을 다시 한 번 더듬어야 한다.

 어려운 내용을 공부할 경우 글의 뜻을 파악하는 데 힘을 다 사용하다 보니 흥미도 잃고 학습 효과도 크지 않은 것이다. 그러므로 새로운 각오로 공부를 잘해 보려면 한 단계 낮은 내용부터 다시 시작해야 한다.

 일반인들도 마찬가지다. 예를 들어 영어 공부를 다시 시작할 경우엔 중학교 일 학년 영어책부터 다시 시작하는 것이 실력을 쌓는 지름길이라 하겠다.

4 분명한 목표의식을 가져라.

 그 목표의식이란 한 마디로 꿈이다. 학원이나 과외를 통하면 공부를 다 잘할 줄로 생각해선 안 된다. 머리가 나빠서 공부를 못하는 학생들은 별로 없다. 그러면 무엇 때문인가? 목표의식이 없기 때문에 공부를 안 하는 것이다. 그래서 벨 교육은 '목표의식이 있는가?'를 우선적으로 점검한다.

 목표의식이 없는 자녀들은 자신이 '왜 공부해야 하는가?'를 알지 못한다. 그리고 '어떻게 공부해야 하는가?'를 알지 못한다. 그러기에 벨 교육에서는 무조건 목표를 가지라고 외치는 것이 아니라 마음의 힘을 강하게 키우는 리더십학교를 통해 우리의 자녀들이 스스로 목표의식을 가질 수 있도록 교육하는 것이다.

꿈을 가지고 공부하는 자와 아무 생각 없이 공부하는 자는 서로 현격한 차이가 있다. 도착할 목적지가 없이 출항한 배가 어디로 가야 할지 몰라 헤매는 상태가 곧 꿈이 없이 공부하는 자와 것이다. 꿈을 가진 자, 그리고 그 꿈을 실현하려고 무던히 실천하는 자만이 실력을 쌓을 수 있다.

벨은 성경적 교육을 실천하는 사람들이다. 세상을 바꾸는 사람들은 단순히 성적이 높은 사람이 아니다. 1등을 하는 사람이 세상을 바꾼다면 그처럼 큰 모순은 없다. 분명한 목표의식이 있을 때 꿈을 심고, 그 꿈은 실력 있는 사람을 만들며 세상을 바꾸는 능력을 가져다 준다.

대니 서라는 미국 교포 2세가 있다. 그는 고등학교에 다닐 때 170명 중 169등을 했다. 대학은 문전도 가보지 못했다. 그러나 22세의 청년 대니 서는 미국의 정상급 명사로 부상했다. 어린 시절부터 남달리 자연을 사랑하고 불우 이웃 돕기에 발 벗고 나섰던 그는 1995년에 최고의 영예와 권위를 상징하는 '알베르트 슈바이처 인간 존엄상'을 받았다. 평생을 사회사업에 바친 사람에게 주는 이 상을 열여덟 살인 그에게 수여한 것은 매우 이례적인 일이었다. 그는 같은 해에 후 케어즈 선정 '올해의 젊은이 상'을 받았고, 1996년에는 '미국에서 가장 영향력 있는 십대' 등 선행과 시민운동, 그리고 환경 운동에 큰 공적을 남긴 이에게 주는 여러 상을 받았다.

대니 서는 열두 살 되던 해, 자신의 생일을 축하하러 온 친구들을 설득하여, '지구 2000년'이라는 환경 보호 단체를 결성했다. 그리고 마을의 숲 개발을 막는 캠페인으로 환경 운동의 첫발을 내디뎠다. 오래지 않아 이 단체는 회원 26,000명을 자랑하는 미국 최대의 환경 보호 단체로 성장했다. 십대에 이미 환경 보호 운동, 동물 보호 운동을 비롯하여 각종 자선 단체를 위한 기부금 모금 사업을 활발히 벌여 대표적인 환경 운동가요, 시민운동가로 많은 공적을 세웠다. 1999년 8월에는 워싱턴 포스트의 두 면에 걸쳐 '세계에서 가장 경이로운 스물두 살의 젊은이' 라는 극찬을 받았다.

그는 삶의 리더로서 부족함 없는 젊은이였다. 무엇이 그로 하여금 리더가 되게 하였는가? 성적이 아니라 분명한 목표의식이 있었기 때문이다. 그 꿈을 주시는 분은 누구이며 그 꿈을 이루시는 분은 누구인가?

그 분은 우리의 '좋으신' 하나님 아버지시다. 요셉은 하나님으로부터 꿈을 받은 자이고 그 꿈을 이루기 위하여 고난조차 하나님의 섭리로 받아들인 젊은이였다. 그는 자신에게 주어진 고난에 대하여 '재수가 없었다.'고 생각하거나 형들을 원망하며 복수의 칼을 갈지 않았다. 그것이 어떻게 가능했을까? 그가 가진 성경적인 세계관, 곧 섭리의 신앙 때문이다. 그 섭리의 신앙은 "그리스도 안에서 모든 것이 합력 하여 선을 이룬다"(롬 8:28)는 말씀의 확신을 의미한다.

아무리 노력해도 실력이 향상되지 않는 것은 목표의식이 없기 때문이다. 그러나 자신의 분야에서 분명한 목표의식은 진정 이 시대에 귀한 사람으로 쓰일 수 있는 리더의 기본조건이다. 성적이 나쁘다고 리더가 되지 말라는 법이 없다. 하나님은 받은 달란트를 최대한 발휘할 수 있는 요셉과 같은 사람을 찾으신다는 것을 기억하자.

5 스스로 할 수 있는 능력을 키우라.

스스로 할 수 있는 그 힘의 원천은 어디에서 오는가?
자녀들이 공부를 안 하고 놀기만 하면 부모들은 으레 "공부해서 남 주냐? 너 잘 먹고 잘 살라고 하는 거다."라고 말하곤 했다. 성경적인 관점에서 보면 상당히 잘못된 것이다. 그리스도인은 최소한 하나님과 이웃을 위하여 공부한다는 그런 뜨거운 정신이 발동되어야 스스로 할 수 있는 능력이 생기는 것이다.

하나님의 은혜를 제대로 받은 자녀는 절대로 자기중심적이지 않다. 남을 배려하고 섬기는 일에 익숙하게 된다. 그런 은혜를 하나님께서 반드시 주신다. 그렇게 은혜를 받게 되면 놀랍게도 자기가 '왜 공부를 해야 하는가?'를 알게 된다는 것이다. '하나님을 위해, 이웃을 위해 공부를 해야겠다.'는 마음이 생긴다는 것이다. 성령님께서 마음의 감동을 주시며 스스로 공부할 수 있는 힘을 주신다. 그렇게 은혜를 받게 되면 긍정적으로 바뀌게 되고 스스로 할 수 있는 힘이 생겨 달란트를 최대치까지 발휘케 되는 것이다. 실제로 성적이 부족하여 입학이 어렵다며 학교에서조차 원서를 써주지 않으려는 대학에 합격해서 잘 다니고 있는 자녀도 있다. 하나님이 감동을 주시면 말씀은 살아 있어서 역사 하는 힘이 있는 것이다.

그 비밀을 모르고 과외를 시키거나 학원만 보내면 된다고 생각하면 하나님이 서운해 하신다. 그러다가 하나님도 모르고 부모도 모르는 자녀로 키워 후회하는 사람이 한둘이 아니다.

6 총체적인 학습법을 익혀라.

요즈음 우리 교육현실을 보면 중요하다고 말들은 많이 하지만 전인 교육을 포기하고 있다.

왜냐하면 좋은 성적을 얻기 위해 전인적인 교육으로 시간을 허비할 수 없다는 생각 때문이다. 그러나 이것은 성적보다 더 중요한 인간 됨을 포기했다는 데서 잘못된 것이며 또한 전인교육을 하면 실은 공부도 더 잘할 수 있다는 것을 깨닫지 못한 데서 잘못된 것이다. 우리는 공부를 잘하기 위해서 전인교육을 포기할 것이 아니라 더욱 전인교육에 힘써야 한다.

바른 인격과 높은 의식 수준은 공부를 할 수 있는 힘을 준다. 바른 목적성과 긍정적 의식 없이 공부를 해서는 그 지식이 사회에 유익하게 쓰여지지도 않고 큰 효과도 낼 수 없다. 어렵게 고난의 길을 걸어온 사람들의 학업태도나 성적이 높은 것은 고난의 과정을 통해서 그들의 의식이 변했기 때문이다.

그러므로 진지하고 긍정적 의식을 줄 수 있는 성품 교육은 실력 향상에 도움이 된다. 일찍 철난 아이들이 공부를 잘하는 것도 이와 같은 원리이다. 그러므로 공부하기 전에 먼저 긍정적 사고 방식을 길러주기 위한 좋은 마음의 힘을 줄 수 있는 글을 읽는 것부터 시작하는 것은 매우 중요하다. 어떤 일을 시작하기 전에 마음가짐을 정리하고 시작하는 것은 나중에 좋은 결과를 얻는데 필수적이기 때문이다.

그리고 공부를 직접 할 때도 수학 능력의 극대화를 위해서는 각 과목에서 얻어진 학습능력이 모든 과목에서 서로 유기체적으로 활용되는 총체적(종합적)인 학습법을 택해야 한다. 그러므로 국어 훈련에서 길러졌던 판단력과 결단력이 사회나 과학을 공부하는 데도 활용되어야 하며, 사회과목에서 훈련한 고공학습법이 과학, 수학, 국어 등에 적용될 수 있어야 한다. 이런 총체적(종합적)인 훈련법을 통해 훈련된 내용들이 서로 상승 작용을 일으켜서 학습 능력을 극대화할 수 있다.

이와 같이 성적만을 위하여 소홀히 했던 전인적인 교육을 다시 회복함으로써 더 큰 학습 효과를 얻을 수 있을 뿐 아니라 인생에서 하나님의 자녀로 당당하게 살아 갈 수 있는 행복한 삶을 얻을 수 있을 것이다.

7 하나님께 영광을 돌리기 위하여 공부하라.

그리스도인들에게 주어진 중요한 사명이 있다. 그것은 하나님의 구속사역에 도구로 사용되는 것이다. 즉 전도해서 택함을 입은 사람들을 하나님께로 인도하고 세속화된 문화를 하나님의 말씀에 순종하는 문화로 개혁해야 하는 것이다.

그런데 최근에 조사된 통계에 의하면 그리스도인들의 증가는 정체해 있거나 오히려 감소하는 추세에 있다고 한다. 그 동안 많은 그리스도인들이 전도를 부르짖으며 많은 노력을 기울였음에도 불구하고 이러한 결과가 나오고 있는 것에는 무엇인가 근본적인 원인이 있을 것이다.

그것은 기독교의 대 사회적 영향력이 크게 약화된 결과라고 할 수 있다. 그리고 이러한 결과는 이 세상에 복음이 전파되는 데 방해가 되고 있는 장애물들이 무척 많기 때문이라고 분석할 수 있다.

그 장애물들이란 반 기독교적인 시대정신과 거기에서 파생되는 반 기독교적인 문화이다. 그런데 이러한 장애물들의 뿌리에는 바로 반 기독교적인 학문이론들이 자리잡고 있다.

이러한 결과가 나온 이유는 학문의 세계를 모두 비 기독교인들인 세속적 인본주의자들이 장악하고 있기 때문이다. 그리고 그동안 그리스도인들이 학문의 세계에 대한 관심에 등한해서 본질적인 문화적 영향력을 갖는 학문의 세계에 성경적 세계관을 기초로 학문활동을 할 수 있는 인재들을 배출하는 데 실패해 왔다. 그리고는 그리스도인들이 공부를 통해서 하나님께 영광 돌리는 방법을 일류대학에 수석 합격을 했다든가, 그리스도인으로서 사회에서 인정받는 소위 성공한 사람들이 배출되었다든가 하는 데서 찾아왔던 것이다.

여기에서 중요한 것은 그리스도인들이 공부를 열심히 해서 얻은 지식들을 "어떻게 무엇을 위해서 사용할 것인가?"이다. 이러한 지식들을 반 기독교적인 장애물들을 치우고 적극적으로 기독교적 문화를 창달하는 데 사용함으로써 그러한 지식들이 하나님의 나라를 확장하고 복음이 전파되는 데 사용될 때, 진정으로 하나님께 영광을 돌리게 될 것이다.

따라서 우리의 자녀들에게 공부를 강조하는 것은 그저 남들보다 잘 먹고 잘 살기 위해서라는 세상 사람들의 생각과는 분명히 달라야 한다. 이 세상에 대해서 빛과 소금의 역할을 잘 감당하기 위해서 진정으로 실력을 갖춘 기독인재들을 양성해야 한다는 것이 우리들의 공부의 목적이 되어야 한다.

소돔과 고모라가 멸망한 이유는 의인 열 사람이 없었기 때문이라고 역설적으로 이야기할 수 있다. 오늘날 한국의 기독교인들이 진정으로 이 사회를 섬길 수 있는 힘을 갖추고 있는지 다시 한 번 생각해 보아야 할 것이다.

"우리가 왜 공부해야 하는가?"라는 질문에 하나님의 자녀들은 예수님이 가졌던 진정한 가르침을 바탕으로 "이 사회를 섬기고 하나님의 영광을 위하여 한다."는 정신이 있어야 한다. 그럴 때 하나님이 다니엘에게 주셨던 지혜를 허락하셔서 세상의 지식을 운영할 수 있는 힘을 허락할 것이다.

벨 교육으로 인하여 신앙으로 무장된 인재들을 키울 수 있다면 한국 교회가 21세기에 선교의 사명을 감당하는 데 큰 자산이 될 것이다. 그 거룩한 대열에 바로 하나님의 사람인 당신이 서 있는 것이다.

3장 | 성경적 교육 '지혜의 샘' 활용법

지혜의 샘 훈련 지침서

성경적인 토양을 만들려면 우리 주변이 성경적인 분위기로 가득 차야 한다. 성경적인 마음을 갖게 하는 감동적인 글과 성경적인 세계관을 가지고 살 수 있는 지침서가 아주 가까운 곳에 놓여 있어야 한다. 그래야 손쉽게 그것을 붙잡을 수 있는 것이다.

어느 교회의 목사님이 단체 큐티를 위해 좋은 교재를 선택해서 교인들에게 구독을 시켰다. 그런데 큐티 교재는 좋은 것인데 제대로 활용하지 않는 것이 문제였다. 학교에서 일기 검사한다고 하니까 일주일 분량을 몰아 쓰듯이 그렇게 쓰는 분이 많았다. 더구나 성경도 못 읽는데 어떻게 큐티까지 하겠는가 하고 깨끗이 보관하시는 분도 가끔 있다는 것이다. 날마다 읽고 기록하는 습관은 실력 있는 리더가 되기 위한 토양 개간 작업임을 기억하자.

영어 공부를 못하는 이유는 좋은 교재가 없기 때문이 아니다. 좋다는 것을 알더라도 인내가 부족하여 실천하지 않기 때문이다.

'지혜의 샘'도 마찬가지다. 붙잡고 있는 것만으로 실력이 생기는 것은 결코 아니다. 이 큐티는 우리나라에서는 최초로 영성과 함께 지적인 능력을 키우도록 구성되어 있다. 그러기에 1더하기 1은 2라는 답변을 요구하지 않는다. 하나님이 각자에게 주신 달란트를 최대한 발휘하도록, 그 숨겨진 재능을 오랜 시간 속에 발견하도록 되어 있다. 유대인의 탈무드처럼 성경적 교육과 함께 삶에서 일어나는 감동적인 글로 하여금 조금씩 마음의 황무한 땅을 개간하도록 되어 있다. 정기 구독을 했다고 해서 금방 자녀들에게 "자, 이제부터 시작하자. 이 책은 너에게 지혜를 줄 것이다."라고 한다면 얼마 가지 않아 싫증이 날 것이고 아무런 힘도 되지 않을 것이다.

지금 주변에는 지혜의 샘이 좋다고 하여 교육에 참석하고 정기 구독을 하고 있지만, 그것이 여전히 공부와는 아무 상관이 없다는 조급함 때문에 또 다시 세상적인 교육에만 매달리는 사람들을 얼마든지 보게 된다. 부디 부탁하건대 오래 하려면 천천히 가자. 자녀들에게 "너 오늘 했냐, 안 했냐?"를 따지고 다그치는 것이 아니라 넉넉한 마음으로 느낀 점을 묻고 같이 대화를 나누면 인간관계에도 좋을 것이다.

지혜의 샘은 초등학교나 중, 고등부나 부모들이나 교재에 차등을 두지 않는 특징이 있다. 하나님의 말씀을 깊이 알고 묵상하면 오히려 어린이들이 부모보다 요약하는 능력이 뛰어날 뿐만 아니라 정보처리 능력도 훨씬 빠르다는 것을 확인했기 때문이다.

현재 남서울대학교에서 영어 언어학 박사로서 영어 교수 사역을 하고 있는 박갑용 박사는 "벨 교육을 받은 가족은 '지혜의 샘'을 통해 어린이도 똑같이 영어 성경을 하고 있다는 것은 대단히 좋은 일"이라고 하였다. 그 이유는 어릴 때는 오히려 암기 능력이 뛰어나기 때문에 단어가 어려운 것부터 배우면 쉬운 것은 저절로 배우게 된다는 것이다. 구태여 "이것은 책이다."라고 안 가르쳐 주어도 알게 된다는 것이다. 그것이 '지혜의 샘'의 장점이라고 하였다.

부디 지혜의 샘을 통해 황무한 마음의 밭을 갈고 이 시대에 바른 정신과 삶이 무엇인지를 분별하는 파수꾼으로 우리의 후대들이 세워 지기를 기대한다.

지혜의 샘 구성

지혜의 샘이 어떻게 구성되었는가를 안다면 큐티를 하는 데 큰 도움이 될 것이다. 지혜의 샘은 5차원전면교육에 의한 구성을 가지고 있다. 심력, 지력, 체력, 자기관리, 인간관계 등 다섯 가지 요소를 최대한 발휘하도록 성경과 삶의 현장에서 자료를 제시하고 있다.

먼저 큰 테두리 구성부터 살펴보기로 한다. 매일 기록하는 여백이 있다.

▶오늘의 만나

날마다 기록되는 말씀, '오늘의 만나'가 있다. 감동적인 것을 단순히 3, 4절씩 요약한 것이 아니라 신약은 마태복음, 구약은 창세기를 한 장에서 3~5절씩 뽑았다. 이것을 깊이 묵상한 사람들에게 성경의 흐름을 알 수 있도록 하기 위해서였다. 얼마나 많은 분량을 읽었는가가 자랑이 아니라 단 몇 줄이라도 깊은 묵상과 함께 말씀을 적용하고 실천할 부분이 무엇인가를 아는 것이다. 단 몇 줄이라도 깊이 묵상하여 그 말씀 전체를 보았을 때는 중요한 부분이 무엇인가를 깨닫도록 하였다. 한 달은 신약에서, 한 달은 구약에서 번갈아 가며 싣고 있다.

▶적용 및 실천

'오늘의 만나' 옆에 만나를 간단하게 해석하고 삶의 지침을 제시했다. 말씀을 읽고 오늘 살아야 할 내용이 무엇인가를 생각하게 하였다. 스스로도 깊이 묵상하는 훈련을 하면 말씀 속에 든든히 설 수 있는 힘이 될 것이다.

▶성경회화

성경회화도 매일 싣는다. 단순한 영어 성경 요절 외우기가 아니라 이 말씀을 잘 암기하고 매일 사용하면 회화에 크게 도움이 될 문장을 엄선하여 싣는다. 성경회화는 영어 회화를 하는 사람들에게 큰 도움이 될 것이다.

많이 아는 것도 중요하지만 영어 회화를 삶에 적용시켜 보면 큰 도움이 될 것이다. 특히 벧 영어학습법에 의한 영어식 한국어를 통해 영어의 구조를 자신도 모르게 익히도록 하였다.

▶하나님 음성 듣기

지혜의 샘에서 아주 중요하게 여기는 부분이다. 왜냐하면 교회와 교회 밖에서의 이원론적인 삶을 개간할 수 있는 것은 우리와 동행하시는 아버지를 확신하는 일이기 때문이다. 우리가 '우연'이라는 말을 하지 않는다면 그분은 내 삶의 모든 자리에서 메시지를 주시고 있다는 것을 확신하게 된다. 하나님의 음성은 기도 중에, 만남 중에, 말씀 중에 사건이나 환경을 통해서 들어야 한다.

모든 삶의 현장에서 하나님의 말씀을 세미하게 들을 수 있다면 우리 삶의 모든 곳이 예배하는 처소가 될 수 있다. 늘 하나님과 동행하는 행복한 삶, 풍성한 삶을 누릴 수 있을 것이다. 이 난은 하루에 벌어진 여러 가지 사건을 통해서 주신 하나님의 메시지를 간단한 신앙일기로 기록하도록 되어 있다.

좌측에 있는 성경적 삶 가꾸기는 날마다 기록하면서 살도록 구성되어 있다.

▶심력

마음의 힘을 강하게 하기 위하여 성경적인 마음으로 기도하거나 말씀을 듣거나 은혜를 받는 시간, 음악을 듣는 일과 시간을 기록할 수 있다.

▶지력

학생들은 부족한 과목이나 공부할 것을 적기도 하고, 부모들은 성경이나 일반서적 그리고 신문의 사설이나 시대를 앞서 갈 수 있는 지적인 능력을 위하여 내가 오늘 무엇을 할 것인가를 기록한다.

▶체력

건강한 몸을 유지하는 것은 대단히 중요하므로 체력을 관리하기 위해서 할 수 있는 일을 적는다. 기상시간과 취침시간을 일정하게 유지하는 것도 도움이 되므로 매일 기록한다. 벨 가족은 하나님이 주신 몸을 잘 관리할 책임이 있으므로 자녀들에게는 놀 수 있는 여건을 주고 부모들은 운동을 통해 체력을 길러 간다.

건강한 체력을 통하여 자신의 몸을 성전으로 삼고, 계신 하나님의 전으로 아름답게 가꾸어야 할 필요가 있다.

▶자기관리

중요한 일을 적는 것은 삶을 대단히 풍요롭게 한다. 우선순위와 중요한 일을 정해서 살 수 있도록 해야 한다.

시간을 짜서 사는 것은 중요한 일이며 실력 있는 자의 모습이다. 아무 생각 없이 사는 것이 아니라 가장 중요한 일과 급한 일을 구분하면서 살아야 할 실력 있는 자로서 시간의 청지기 역할을 감당하는 것이다. 그리고 나서 자투리 시간을 잘 활용하여 영어 단어 하나라도 외우며 살아가도록 한다. 오락하는 시간, 텔레비전 보는 시간을 줄여 자투리 시간으로 사용하면 실력 있는 리더로 쓰임 받을 수 있다.

▶인간관계

오늘 만날 중요한 사람을 체크하며 사는 것은 귀한 일이다. 중요한 만남이 있고 중요한 사람이 있다는 것은 인간관계를 풍요롭게 하며 나도 모르게 남 중심의 삶을 살게 만든다. 자기중심에서 타인을 먼저 생각할 수 있는 넉넉함을 체크하도록 되어 있다.

그리고 하루 동안 우리를 기다리거나 필요한 사람에게 전화할 곳을 선택해서 관계를 풍요롭게 한다. 꼭 하루의 일과가 시작되기 전에 만날 사람들을 기록하는 것은 우리의 삶을 풍요롭게 할 것이다.

주간의 구성을 살펴보기로 한다.

▶주일 : 말씀요약하기

좌측에는 심력의 글이 기록되어 있다. 이 글은 성경적인 예화에서 감동적인 글로 구성되어 있다. 우리의 마음을 긍정적으로 키우도록 되어 있다. 느낀 점을 요약하는 훈련과 함께 그 느낀 바를 오늘 어떻게 구체적으로 실천할 것인가를 쓴다.

성경적 삶이 실천되지 않는 것은 교회에서 쓰는 은혜와 감동이 너무 추상적이기 때문이다. 그것이 구체화되지 않으면 삶에 힘이 되지 않으므로 구체화시킬 수 있는 훈련이 필요하다. 적용은 반드시 24시간 내에 실천할 수 있는 구체적인 내용으로 써야 한다. 예를 들면 '오늘 저녁에는 엄마의 어깨를 주물러 드려야겠다.' 등의 내용으로 말이다.

우측란에는 주일날 목사님의 말씀을 필히 다시 묵상하여 요약한다. 주일 공과공부 시간이나 가정예배시에 인도자는 필히 체크하도록 해야 한다. 교회에 왔을 때는 한 주간 동안 어떻게 느끼고 삶을 실천했는가를 나눈다. 단체로 구입하지 않고 개인적으로 구입했을 경우엔 주일 날 목사님 말씀을 함께 요약하여 나누도록 한다.

▶월 : 자기관리

월요일의 심력의 글은 꼭 성경의 예화가 아니더라도 삶의 현장에서 일어나는 보통사람들의 따스한 이야기, 감동적인 삶의 이야기를 싣는다. 그것은 세상 속에서 살고 있는 우리에게 그들의 삶이 주는 따스함을 바르게 볼 수 있도록 하기 위함이다.

우측에 있는 공간은 한 주간 자기관리를 고공으로 할 수 있도록 구성되었다.

자기관리에서는 일주일 동안 꼭 해야 할 일을 생각하고, 가정을 위해 할 일도 적어보도록 한다. 예를 들어 '자녀와 지혜의 샘 나누기'라든지 '남편과 쇼핑하기' 등 온 가족이 행복한 삶을 위하여 함께 할 일들을 기록한다.

▶화 : 5차원 성경 따라하기

심력과 함께 성경말씀에 대한 주제, 요지, 제목 쓰기가 나와 있다. 또한 영어성경에 대한 것을 기록하여 성경을 영어로 볼 수 있도록 구성되어 있다. 이때 모르는 단어는 단어 밑에 다시 한 번 기록하고 반드시 영어 성경을 쓰도록 한다. 영어 단어에 있는 하나님의 말씀을 깊이 묵상하고 주제, 요지, 제목을 파악할 수 있는 사람은 이 세상을 앞서 갈 수 있는 능력이 있으리라는 확신이 있기 때문이다.(어렵다고 생각되면 책 뒷면에 기재된 '작은 지혜의 샘'을 참고할 수 있다.)

옆에 있는 '영어식으로 생각하는 한글 성경'은 예를 들면 "예수님이 말씀하셨다, 그에게", "예수님이 가셨다, 회당에" 이런 식으로 영어식 한국어를 바꾸는 훈련을 해보도록 한다. 후에 이 훈련은 회화하는 데 매우 자신감을 주게 된다.

▶수 : 정보처리능력 훈련

정보처리는 우리 안에 감추어진 보화를 캐내도록 되어 있다. 지적인 훈련은 좋은 글을 고공으로 보고 요약할 수 있는 훈련이 있을 때 가능하다.

특히 이 부분에서는 일반인들이 많이 읽는 전 달의 베스트셀러, 초등학생들이 많이 읽는 베스트셀러, 신앙서적의 베스트셀러, 그리고 성경말씀을 그대로 요약하는 훈련을 하도록 되어 있다. 지혜의 샘을 통해서 세상을 앞서 가는 리더는 세상 사람들이 가장 많이 읽는 것을 알고 있어야 하며 세상의 흐름과 신앙인들의 흐름이 지금 어디로 가고 있는가를 볼 수 있는 사람이어야 한다는 의미가 있다.

먼저 자세를 바르게 하고 정보처리를 하기 전에 눈 훈련부터 하는 것이 중요하다. 1분 속독 속해 훈련법은 바른 자세로 윗니와 아랫니를 맞물리고, 눈으로만 좌우로 움직이며 정신을 집중해서 3회나 4회 반복하여 훈련한다.(이 반복이 상당히 중요함)

그런 후에 정보처리의 글을 읽고 얼마나 자신이 빠른 속도로 읽을 수 있는가를 다시 체크한다. 이때 느린 사람은 400~500자 보통은 500~700자를 읽으나 빠른 사람은 1200~1500자를 읽어야 한다. 단 아무리 빨리 읽더라도 내용을 정확히 이해하지 못했다면 잘못 읽은 것이다. 빨리 읽는 것도 중요하지만 내용을 정확히 파악해야 한다.

▶목 : 인간관계

마음의 힘 기르기는 대개 인간관계에 대한 긍정적인 사고를 갖도록 인간관계 속에 벌어진 글들로 구성하고 있다. 그 감동적인 관계 속에서 일어나는 일들은 나 중심에서 남 중심으로 마음을 바꾸도록 한다.
우측의 공간은 부족한 인격적인 부분을 훈련하도록 하고 있다. 많은 사람이 주변에서 고통을 겪고 있는 것은 인간관계에 관한 훈련의 부족이다. 그러므로 인간관계 코너에서는 나 자신과 이웃관계에 대한 자기 점검을 늘 체크하도록 되어 있다

▶금 : 내면의 성숙

우리에겐 지적인 힘도 필요하지만 영성이 없는 지력은 위험하다. 그래서 하나님의 말씀을 통해 은혜와 감동을 받을 수 있도록 되어 있고 특히 내면의 훈련을 통해 성숙한 하나님의 사람으로 살 수 있는 힘을 공급받도록 되어 있다.
영적 성숙함을 이루기 위하여 구역예배나 가정예배 또는 개인의 영적 능력을 가질 수 있도록 되어 있다.(내면의 성숙코너와 실천코너를 함께 나누도록 한다.)

▶토 : 성경적 세계관

바른 성경적 세계관을 가지고 사는 것은 가치관이 흔들리고 성경적인 삶이 무엇인지를 분별치 못하는 이 시대에 귀한 등불이 될 것이다. 가능하면 정보처리 훈련에 의하여 읽고 정확하게 요지를 파악하는 능력이 있어야 한다.

▶▶지혜의 샘 활용법

지혜의 샘은 삶의 가장 가까운 곳에 있어야 한다. 그리고 자신의 삶을 수시로 기록하는 것이 중요하다.
싱가폴의 총리였던 리콴유는 메모광이다. 그는 "뚜렷한 기억보다 흐릿한 잉크가 더 오래간다."는 것을 알고 있었다. 그는 메모에서 모

든 지혜가 나온다고 확신하여 그의 국가정책은 그의 메모장에서 나오곤 한다.

결국 세상을 바꾸는 것은 기록이다. 1,000년 넘는 찬란한 문화를 이루었지만 기록이 없었던 잉카, 아즈텍 문명은 역사에서 사라졌다는 것을 기억하라. 기록이 문화를 낳고 문명을 낳으며, 기록이 생명을 낳는다. 만약에 루터만 있었고 존 칼빈이 존재하지 않았다면, 종교개혁은 성공하지 못했을 것이다. 왜 그럴까? 개혁의 뜨거운 숨결을 기록한 『기독교 강요』가 없었다면 개혁은 단 몇 년도 지탱될 수 없었을 것이기 때문이다. 그러므로 우리의 작은 경험들을 기록으로 남기자.

땅에 뿌려진 씨앗만이 열매를 맺듯이 오직 기록된 진리와 비전만이 장차 미래의 시점에서 풍성한 열매를 맺게 될 것이다. 그리고 기록으로 남긴 것만이 세상을 변화시킬 것이다.

실력 있는 리더로 서기 위하여는 '지혜의 샘'의 공간과 내용을 최대한 활용해야 한다는 것을 잊지 말자.

終 끝맺는말 ||||

하나님이 주신 달란트를 최대로 발휘한다는 것은 미래를 준비하는 것이다. 그리스도인들은 하나님이 하실 일들을 따르기 위해 미래를 준비하는 사람들이다.

하나님의 일은 준비되지 않았거나 능력을 갖추지 않은 자들을 통해서는 이룰 수 없다. 예수께서 추수할 것은 많은데 일꾼이 없다고 한탄하신 말씀은 준비된 사람이 없다는 뜻이다. 달란트를 최대한 발휘한다는 것은 인본주의적으로 가는 것이 아니라 하나님의 사람으로 준비되는 것을 의미한다.

모세는 40년을 일하기 위해서 80년을 준비하였다. 1년을 위하여 2년을 준비한 셈이다. 예수님께서도 3년 일하기 위해 30년을 준비하셨다. 1년 일하기 위해 10년을 준비하신 것이다.

예수님이 12세 되시던 해 제사장과 서기관들 앞에 섰을 때 모두가 '인물이 났다.'며 굉장하게 생각했을 것이다. 예수께서 그 때부터 일하기 시작하였다면 신동 소리를 들어가면서 하셨을 것이다. 그러나

끝맺는 말 | 225

하지 않으셨다. 하나님의 일은 신동들이 하는 것이 아니라 하나님의 사람들, 즉 하나님께서 쓰시려 하실 때 훈련되고 준비된 사람들에 의해 이루어지는 것이기 때문이다.

벨은 성경적 교육을 통해서만 이 시대에 하나님이 기뻐하시는 진정한 실력자가 배출될 수 있다는 확신을 가지고 있다. 다니엘도 우리에게 이렇게 말하고 있다.

> 지혜 있는 자는 궁창에 빛과 같이 빛날 것이요 많은 사람을 옳은 데로 돌아오게 한 자는 별과 같이 영원토록 비취리라.
> (다니엘 12:3)

곧 지혜 있는 자와 하나님 나라를 확장하는 전도자는 긴밀한 관계가 있다고 본 것이다. 그렇게 볼 때 지혜자가 되게 한다는 것은 단순한 실력의 문제가 아니라 무너지고 있는 삶의 현장에서 하나님의 교회를 든든하게 하여 하나님의 나라를 확장시킬 수 있도록 하는 데에 더 큰 목적이 있는 것이다.

벨 교육은 성적을 높이기 위해 교육하는 운동이 아니다. 성적은 성경적인 교육에 부수적으로 따라오는 것에 불과한 것이지 그것 자체가 중점은 아니라는 것이다. 성적을 높여 똑똑한 사람을 만드는 교육이 아니라 참 하나님을 알고 이웃을 알아 겸손하게 섬기며 삶의 아름다운 열매를 맺는 일꾼들을 세워 가자는 싸움이다. 하나님의 나라를 확장하고 무너져 가는 곳을 바르게 세워간다는 정신을 가진 느헤미야나 에스라와 같은 실력 있는 자들이 이 나라, 교회, 가정을 이끌어 나갈 때 후대에 소망이 있다고 보는 것이다. 후대를 바르게 준비시키고 꿈을 가지는 하나님의 사람들이 나와야 한다.

지금도 벨은 전국 도시에서 봄과 가을에 전국적인 세미나를 인도

하고 있다. 기독교연합회 주관으로 많은 목사님들이 참여한 행사였으나, 그 많은 교회 중에 학생들이 일주일에 세 번 모이는 교회는 두 곳만을 보았을 뿐이다. 자녀들이 일주일에 한 번 교회 나와 20~30분 성경 공부를 하고 말씀 듣는 것으로 후대의 교회가 든든하게 세워질 것이라고 생각한다면 이것은 기적을 바라고 가는 것이다.

신앙과 공부는 아무 상관 없다는 인식을 그대로 두어서도 안 된다. '하나님의 교육은 세상 교육을 압도한다.' 는 확신을 가지고 이 황무한 땅을 개간하여야 한다. 기복적인 토양에서 성경적인 토양으로 만들어야 한다. 그것은 말이 아닌 끊임없는 반복과 용기 있는 훈련이 뒤따라야 가능할 것이다. 그런 부모만이 후에 존경과 섬김을 받을 것이며 그것이 하나님의 교회가 후대에 견고히 서는 근본이 될 것이다.

영국에서 오신 목사님이 한국 교회에게 "자녀들을 놓치지 않아야 한다."고 조언한 이야기를 다시 한 번 깊이 상고했으면 한다. 저 하늘나라에 우리만 가서 앉아 있지 않도록 우리는 이 황무한 땅을 성경적인 토양으로 만들기 위한 싸움을 하지 않으면 안 된다. 이것은 단순한 공부의 문제가 아니고 하나님의 나라가 확장되느냐 축소되느냐의 문제이다. 큰 교회를 이루었냐가 중요한 것이 아니라 우리 안에 여전히 자리 잡고 있는 물질주의와 성공주의, 기복주의적인 토양을 성경적인 토양으로 만들 수 있느냐, 못 만드느냐의 문제이다.

더 사랑하고 더 나누며 더 불쌍히 여기는 마음을 가진 성경적인 마음을 삶에서 보여주어야 한다. 그 성령의 아름다운 열매를 맺는 것을 보고 그가 진짜인지 거짓 선지자인지를 구분할 수 있는 영적 분별력을 가져야 이단들이 발을 못 붙이는 것이다. 은혜와 감동, 이적과 기사를 여전히 쫓아간다면 심고 거두는 가나안 땅에 이르지 못할 것이라는 긴장을 늦추지 말아야 한다. 광야에서 떨어지는 만나를 감격하면서 먹기 원한다면 지금의 토양에서 더 이상 나가지 않아도 좋다. 그러나 우리 후대에게 성경적인 가치관을 가지고 열매를 맺을 수 있는 토양을 물려주려면 내 안에 여전히 남아 있는 악함을 쫓아낼 수 있는 용기가 있어야 한다. 복음을 내세워 여전히 많이 얻고 많이 채우는 것에 머무는 것이 아니라 예수 때문에 정직하게 살고 성결하게 살고, 나누며 살아야 한다. "이 교회도 좋지만 저 교회는 하나님의 사역을 위해서 더 좋은 교회입니다."라고 말할 수 있는 넉넉함으로 흩어져야 한다. 지금은 초대교회, 예루살렘 교회의 웅장한 모습보다 흩어진 교회들이 서로서로 연합하여 하나님의 영광을 위해 협력할 때 더욱 멋있게 하나님의 나라가 확장될 것이기 때문이다.

교회 안에서와 밖에서 너무나 다른 이원론적인 삶을 계속 살아가는 한 우리는 소망이 없다. 우리만 예수 믿고 천당에 간다고 끝나는 것이 아니다. 후대를 잃지 않으려면 지금부터라도 성경에 의한 교육을 시켜 나가는 용기 있는 집단이 되어야 한다. 우연과 요행을 바라며 가는 사람들에게 우리의 진정한 목표는 "이곳이 아니다."라고 외칠 수 있는 용기 있는 부모와 지도자들이 있어야 한다.

벨은 기적과 이적만을 요구하는 감동 위주의 삶이 아니라 심고 거두는 열매를 거두기 위해 땀 흘리는 삶이다. 어렵고 힘들어도 창조주 하나님의 말씀을 기뻐하고 확신하며, 하나님의 교회가 실력 있는 사람들로 채워져야 한다는 외침이다. 벨은 후대를 위하여 황무지에 물을 길어 나무를 심는 사람들의 마음을 가지고 있다. 그런 정신을 가지고 실력 있고 성숙한 후대를 세워가고자 하는 교육이 벨의 성경적 교육이요, 삶의 실천 운동이라 할 수 있다. 그래야 후대가 산다.

> 네게서 날 자들이 오래 황폐된 곳들을 다시 세울 것이며 너는 역대의 파괴된 기초를 쌓으리니 너를 일컬어 무너진 데를 수보하는 자라 할 것이며 길을 수축하여 거할 곳이 되게 하는 자라 하리라. (이사야 58:12)

| 부록

벨 교육 현장 체험기

▶ 김재평 집사의 고백 | 현재 벨교육에서 고3 담임 |

  98년 겨울에 수능점수 240점을 맞은 아들을 두었다. 240점이면 일반대학은 들어가지 못하는 점수였다. 그렇게 믿었던 아들이 받아온 점수로 인해 우리 집은 한 마디로 초상집이 되었다. 그러던 중 벨 교육에 대하여 방송을 통해 듣게 되었다. 벨 교육을 받고 난 후 우리 가족은 망하더라도 벨 교육 방법대로 성경 안에서 공부하리라고 다짐하였다. 성경을 끊어 읽고 성경에서 주제 요지를 찾고 정보처리와 고공으로 보는 훈련을 꾸준히 계속하였다. 감사한 것은 고등학교밖에 나오지 않았던 나는 99년 겨울 아들과 함께 수능고사를 보고 싶은 마음이 들었다. 성경 안에서 공부한 이 실력은 아들이 360점, 그리고 30여 년 만에 시험을 친 나는 320점을 맞았다. 망하더라도 하나님의 말씀 안에서 공부하는 방법을 터득하면 하나님이 지혜를 주신다는 것을 하나님은 벨을 통해서 보여주고 계셨다. 가장 힘들 때 벨 교육을 만난 것은 내게는 엄청난 축복이었다. 후대를 위해서 황무지에 물을 길어 나무를 심어가는 벨의 정신과 교육에 감사한다.

▶ 으뜸이의 고백 | 대전평안교회 대학부 |

벨 교육은 성적 때문에 고민했던 나에게 "왜 공부를 하여야 하는가?"에 대한 답과 '학습방법의 길'을 되찾게 해주었다. 중학교 때에 이 훈련을 받았더라면 나는 공부 때문에 고민하지는 않았을 것이다. 더욱 감사한 것은 신앙과 공부는 별개인 줄 알았는데 성경 안에서 실력을 높일 수 있는 비밀이 있다는 것이 더 놀라웠다. 이제 믿음 생활을 더욱 열심히 해야겠다. 벨 교육캠프를 통해서 지혜의 근본이 하나님이심을 발견한 것은 내게는 엄청난 보화였다

▶ 이수양 사모의 고백 | 광탄순복음교회 사모 |

엄마인 내가 반성해야 할 내용은, 아이에게 공부 잘해야 한다고 강요했던 점이다. 5차원 전면교육의 결론은 "혹 약하더라도(꼭 공부를 잘하지 못한다 할지라도) 자녀가 가지고 있는 달란트를 최대한 키울 때 인생을 승리하는 사람이 된다."였다. 이제 BELL 교육으로 서서히 젖어서 좋은 토양인 하나님의 마음으로 바뀔 우리 아이들의 모습

이 눈에 선하다. 그때는 하나님이 기뻐하실 훌륭한 리더자로 세워질 것을 믿는다.

▶ 박만규 집사님의 고백

캠프만을 기다려오다 부푼 마음을 품고 참석……. 역시나였습니다. 확실히 기가 막히게 좋더군요. 앞으로의 삶(펴~~엉~~생)을 받은 교육을 기준 삼아 청소년 사역에 헌신하려고 다시금 결심하였습니다. 황무지에서의 묵묵히 헌신, 아, 그게 벨 소리일 줄이야!

▶ 햇살 어머니의 고백

황무지 속에서 묵묵히 나무를 심는 노인의 모습이 눈에 선합니다. 이를 떠올릴 때 가슴이 벅차고 눈물 주체할 길 없었습니다. 정말 남을 위해 살아 왔었는가? 아니 단 며칠만이라도 온전히 헌신하며 밝은 빛, 기쁨의 빛을 발하며 제 스스로 현존의 충만함을 주체한 적이 과연 얼마나 있었는가? 사라짐 속에서도 사라지지 않게 만드는 힘, 보이지 않아도 볼 수 있게 만드는 그 파워, 거기에 부드러움이 있었기에 온전히 남을 향한 배려 작업, 이 어둡기만 세계도, 이 재미없기만 사회도, 이 분들이 계시기에 지탱이 되고 맑고 아름답게 변화됨을 느꼈습니다.

BELL에 대한 언론의 평가

▶ 원동연 박사의 5차원 교육법은 이 시대에 진정한 실력자를 만들어 내고 있다.(MBC 9시 뉴스)

▶ 성경적 세계관을 통해 진정한 삶의 실천이 무엇인가를 배워 자녀의 실력보다 더 귀한 부모의 깨우침이 있다.(국민일보 이지현 기자)

▶ '지혜의 샘' 교육 교재는 계절 대안학교인 벨교육 캠프를 빛나게 하며 바른 삶을 실천함과 함께 실력을 높여주는 그리스도인으로 만들기에 충분하다.(기독신문 박명철 기자)

▶ 고공에서 내려다보는 학습법은 공부에만 적용되는 것이 아니라 전문경영자로서 문제를 효과적으로 다루게 함으로 각 분야에서 큰 힘을 발휘하게 한다.(동아일보)

벨 캠프 및 교육현장 체험기

▶ 영어 공부를 할 수 없었던 이유를 알았기에 영어에 대한 자신감을 갖게 되었다.(치과의사 한상호)

▶ 자녀 공부 시키려고 왔다가 벨의 삶을 통해 나의 부족한 내면을 본 것은 하나님의 은혜였다.(삼언물산 회장 박성섭)

▶ 벨의 교육을 통해 성숙함과 실력이 무엇인가를 체험하게 되었다. (제주상고 교사 부재호)

▶ 교회교육에 접목시킬 수 있는 큐티교재는 목회자에게 힘을 실어준다.(김해교회 조의환 목사)

▶ 성경적 교육을 통해 얻는 학습방법을 매일 실천하여 공부하는데 엄청난 힘이 되고 있어요.(중3 황은선)

▶ 과외나 학원에서 얻지 못한 리더의 학습방법이 무엇인가를 배울수 있었어요.(고2 송호역)

▶ 벨을 통해 교육자로서 어떻게 학생들을 교육할 것인가에 방향을 잡게 된 것은 은혜였다.(신라대학교 교육대학원장 곽동기)

▶ 벨 교육은 내 인생에 있어서 새로운 활력과 성경적 세계관으로 세상을 볼 수 있는 힘을 주었다.(가천 의과대학 소아과 과장 차한 박사)

▶ 벨 교육을 받은 이후에 실제교육의 현장에서 성경적 교육의 힘을 다시 한번 체험하게 되었다.(수원원천초등학교 교감 조은희)

▶ 벨 교육은 울산지역 주일학교 교사들에게 성경교육으로 어떻게 실력 있는 리더가 될 것인가의 방향을 제시하였다.(어린이교육선교회 울산지역총무 이윤선 목사)

▶ 벨 교육은 교파를 초월하여 성경 안에서 실력 있는 리더의 교육이 무엇인가를 가르쳐준다.(광주청소년수련원 원장 이 레지나 수녀)

교육학자의 평

정우현 박사 / 고려대학교 명예교수
아주대학교 석좌 교수/ 현 교육대학원장

일반 교육학자로서 30여 년을 한국 교육계에 교육정책도 발표하고 수립하면서 보냈지만 교육에 대한 회의를 많이 가졌다. 그러나 벧 교육을 통해 부모와 자녀가 성숙한 영적 삶과 리더로 세워지는 것을 보면서 하나님의 변하지 않는 말씀의 능력 앞에 진정한 교육이 무엇인가를 새삼 느끼게 된다.

벨 교육본부 교육과정 소개

벨의 5차원 교육은 단순한 방법을 제시하는 것이 아니라 이 교육을 꾸준히 받을 수 있는 5차원 교육을 진행하고 있다. 벨 교육을 전문적으로 교육시키기 위한 벨 5차원교육원에서의 교육과정을 소개하면 다음과 같다.

▶ 벨 5차원 성경적 교육 가족 캠프

크리스천 가정과 교사들을 위하여 실시하는 전국 캠프로서 부모와 함께 참여할 때만 등록이 가능하며, 여름과 겨울 두 차례에 방학을 이용하여 대학교에서 집중적으로 이론과 실제를 교육한다.

| 교육취지

벨 5차원 성경적 교육을 구체적으로 집중훈련 시키는 기간을 통해 심력, 지력, 체력, 자기관리, 인간관계 능력들을 교육하여 하나님이

주신 각자의 숨어 있는 달란트를 최대한 발휘할 수 있도록 하며, 벨 교육본부에서 매달 제공하는 교육 교재를 활용하여 계속적인 실력을 향상시킬 수 있는 힘을 갖도록 한다.

 교육기간 : 3박 4일 집중교육, 대상 : 부모와 자녀, 교사
 장소 : 대전 목원대학교(학교 형편에 따라 변경될 수 있음)
 일시 : 1월 첫째 주간, 8월 둘째 주간(일년에 두 차례)
 교육방법 : 초등학교 1학년부터 고 3까지 분반으로 교육, 일반부
     는 차별교육
 등록방법 : 홈페이지로 등록, www.bell.or.kr

▶ 벨 해외 리더십 학교

 벨 자녀들을 위하여 실시하는 교육으로서 여름(7월), 겨울(1월)에 실시하며, 요셉과 같은 꿈과 미래가 있는 사람, 욥처럼 고난을 극복하는 믿음의 사람, 그리고 바울처럼 하나님의 계획 속에 꿈을 실천시켜 나가는 사람으로 교육시킨다.

| 교육취지

 역사 성적은 높은데 역사의식이 없고, 지적인 영특함은 있으나 고난을 몸으로 체험한 고난의 흔적이 없어 삶의 강한 능력을 상실한 청소년들에게 삶의 분명한 목표의식을 갖도록 하고, 국제적인 감각과 지도력을 겸비한 하나님의 사람이 되도록 교육한다.

 삶의 의미를 가르치는 교육, 꿈과 비전을 제시하는 교육, 고난을 몸에 익히도록 하는 교육.

 벨 백두산 리더십학교(여름) : 마음의 힘과 국제적인 리더를 세우기 위한 학교

 교육기간 : 7월 말에서 8월 중(10일간)
  • 교육일정: 연길, 백두산, 두만강, 용정원, 연변과학기술대학교,

만리장성, 천안문, 북경대학교
- 후원교육기간: 연변과학기술대학교, 북경대학교

▷ 벨 필리핀 리더십학교(겨울)
— 언어연수 및 국제적인 리더를 세우기 위한 학교
- 교육기간: 1월 중 (19일간)
- 교육일정: 수빅 아우라 대학교, 마닐라. 원주민 선교체험
- 후원교육기간: 수빅 아우라 대학교,

▶▶ 벨 5차원 교육원

벨 5차원 교육을 통해서 꾸준히 실력을 향상시키기 위한 대학원과정으로서 벨 5차원 교육의 심화과정을 교육하도록 한다. 벨 세미나와 교육캠프로 부족한 부분을 계속적으로 훈련시켜 벨 교육에 의한 성숙하고 실력 있는 지도자와 교사들을 배출하도록 한다.

| 벨 5차원 교육원 설립 목적냅

성경적교육실천운동 본부의 벨 5차원 교육원은 벨 교육을 통해서 꾸준히 실력을 향상시키기 위한 심화교육(대학원)과정으로서 벨 세미나와 교육캠프로 부족한 부분을 벨의 교육 자료를 개방 활용 및 전문 교육의 기회를 제공함으로써 교육을 받는 모든 이들에게 실력 향상의 길을 제시하고 그들이 하나님의 나라 확장에 기여토록 함을 목적으로 한다

| 교육대상
- 벨 세미나를 통해서 심화 과정에 입학하신 분
- 벨 교육캠프 후 5차원 교육원을 통해 심화교육을 이수하기를 원하는 분

• 벨 5차원 학습법을 읽고 입학원서를 제출한 분

| 벨 5차원 교육원 교육 목적
• 벨 아카데미 과정 (교육 자료 개방 및 교육 과정)
• 매달 벨 교육교재 및 C.D 교재로 교육,
• 매일 인터넷으로 집중 교육
• 이메일로 정보 교환

| 학점 이수 과정(매 연구 과정 24학점)
• 심화 연구 과정(3박 4일 집중교육과정)
 — 벨 심화 1 과정 (실력 향상)
  (벨 5차원 영어 학습 연구 과정)

• 벨 심화 2과정(리더십 향상)
 — (벨 5차원 리더십 교육 연구 과정)

• 벨심화 3과정(삶의 정신 향상)
 — (벨 5차원 성경적 세계관 과정)

• 벨심화 4과정(교사 및 필드사역과정)
 — (벨의 영성 및 선교사 과정)

| 학점 이수 과정(매 연구 과정 12학점)
 매달 지혜의 샘 활용에 대한 학점(24학점)이수
 매달 지혜의 샘 활용하여 체크가 될 때 1학점으로 가산됨
 벨 5차원 교육원 총 이수 학점 (72학점)
 48학점 이수가 될 때 벨 5차원 교육원 수료를 할 수 있음

| 교육비
- 벨 아카데미 과정: 월 1만원
  — 1학기 (12학점) 수강료 250,000원
- 벨 5차원 영어 학습 연구 과정(연구원장, 박갑용 박사)
  — 2학기(12학점) 수강료 250,000원
- 벨 5차원 리더십 교육 연구 과정(연구원장, 이홍남 목사)
  — 3학기(12학점) 수강료 250,000원(연구원장, 이종범 박사)
- 벨 5차원 성경적 세계관 연구 과정(3박 4일)
  — 4학기 (12학점) 수강료 250,000원(연구원장, 정우현 박사)
    벨의 영성 및 선교사 연구 과정
    성령론, 가정교육, 교회론. 선교학, 고대 근동학,

| 지원 자격
- 벨 아카데미 과정
— 벨 5차원 교육원 기초과정은 벨 교육캠프,
  벨 세미나 시 입학원서 제출하신 분.
  벨 5차원학습법을 읽고 입학원서를 제출하신 분
  벨 가족들의 추천을 통해서 입학원서를 제출하고 입학할 수 있습니다.
- 심화 연구 과정
— 기초 과정의 교육 과정을 등록하여 벨 5차원 교육원에 입학한 학생에 한하여 교육이 가능합니다.

| 교육방법
- 벨 5차원 교육 아카데미
— 매달 벨에서 제공하는 벨 교육교재와 각종 C.D자료를 제공 받습니다.

인터넷을 통해 벨 교육의 강의를 직접 보고 들을 수 있습니다.
이메일을 통해 마음의 힘을 세우는 일용할 양식을 제공받습니다.
- 벨 5차원 심화 연구과정
— 3박 4일 과정 (수강료, 3박4일 집중교육 250,000원)
모든 과정은 기초과정을 통해서 벨 교육 교재를 매달 제공받는 사람에 한하며 일반 신학교와 교육기관에서 다루지 않는 벨의 정신과 교육으로 진행되며 벨의 전문 교수진들이 연구하였던 자신들의 노하우를 계승하고자 한다.

| 특혜
- 벨 5차원 교육 원생이 벨 캠프에 등록할 시 자녀와 함께 무료로 심화교육 받을 수 있는 자격을 부여받습니다.
본부에서 벨 교육일시를 통보합니다.
(목회자는 주일에 예배를 인도합니다.)
- 교육일시: 금요일 오후 6시부터 토요일, 주일 3시에 수료식
- 장소: 벨 5차원 교육원
- 벨 교육원 기초 과정에 등록한 분이 벨 캠프를 참석할 시 10%의 교육할인 혜택을 받습니다.
- 벨 교육원 기초과정에 등록한 분이 자녀를 해외 및 국내 리더십 학교로 입학시킬 시 입학 우선권이 주어지며 10%의 교육비를 할인 받습니다.
- 벨에서 제작되는 모든 교육자료를 저렴한 값에 제공받을 수 있습니다.
· 벨의 동역 교육기관인 세인고등학교, 몽골국제대학교, 창조사학회의 고대근동지역 대학과의 교류를 원할 시 상호 교류원칙에 따라 혜택을 받을 수 있습니다.

▶▶ 교회 세미나

벨 교육 본부에서는 그동안 자녀 교육 문제로 고민하고 있는 믿음의 성도들에게 성경 교육을 통하여 구체적으로 실력 있는 리더가 세워지는 교육을 연구, 개발하여 왔다.

지금 우리의 교육 현장은 학원과 과외로 인한 성적 위주의 교육에서 갈 바를 알지 못한 채 혼돈한 속에 있다. 엄청난 교육비를 지출하면서도 안타까운 것은 그들에게 진정한 하나님이 요구하시는 리더로서의 자질을 바르게 제시하지 못하고 있다.

> "그리스도 안에는 지혜와 지식의 모든 보화가 감추어 있느니라"(골2:3)

| 세미나 대상
- 교회 교육에 성경을 통해서 실제적인 접목을 하시기를 원하는 목회자
- 성경적 교육으로 자녀들의 실력을 높이기 원하는 학부모
- 전인교육을 통해 실력 있는 제자들을 키우기 원하는 교사들
- 전문경영인으로서의 실력 있는 리더쉽을 발휘하기 원하는 분
- 성경적 교육으로 진정한 학습의 원리를 깨달아 실력을 높이기 원하는 학생

교회는 가을과 봄 정기적인 세미나시에 벨 교육을 유치할 수 있다. 각 도시에 한 곳만 선별되며 교회의 믿음의 자녀를 둔 부모뿐만 아니라 교사 그리고 자녀는 물론 교회 교육에 관심을 가진 지역 목회자들에게 유익을 줄 것이다.

벨 동역 교육기관

▶ 세인 고등학교 (교장, 송재신)
벨 5차원 교육원과 함께 교육을 공유하고 있으며 벨 5차원 교육을 교육의 현장에서 실제로 접목하여 성경교육이 세상교육을 압도하고 있음을 체험케 하는 학교이다.

▶ 몽골 국제대학교 (총장, 원동연 박사)
선교적 사명을 띠고 국제적인 리더를 세우기 위하여 설립되었으며 모든 과목을 영어로 강의하고 벨 5차원 교육원과 함께 실질적인 협력관계를 이루어 세계 선교의 전진 기지 역할을 수행할 수 있도록 13개국의 학생들이 모인 국제대학교이다.

▶ 창조사학회 (회장, 장국원 박사)
이라크 바그다드 대학, 무스탄 시리아대학교의 고대 근동대학과 교류하고 있으며 벨 5차원 교육원과 긴밀한 교육의 상호 관계를 유지하면서 성경은 인류최고의 교과서라는 창조사관을 정립하는 학회이다.

동역교육기관이라 함은 하나님의 나라를 효과적으로 확장하기 위하여 각기 연구 개발하고 있는 교육자료와 정보를 제공하고 실제 교육의 현장에서 사역을 긴밀히 협력하는 기관을 말합니다.

■ 벨 5차원 교육원 입학원서

지원자 인적사항	성명	한글		영문		수험번호 :	사 진 3 X 4
	주민등록번호			성별			
모집구분	☐ 벨 아카데미 과정 ☐ 심화연구과정(1과정, 2과정, 3과정, 4과정) ☐ 벨 심화통신과정(심화 연구 과정과 내용은 동일함)						
연락처	전화	직장전화:					
		자택전화:					
		핸 드 폰:					
	주소	(-)					
	E - mail						
참고사항	☐ 벨 가족 캠프 ( )기 참가자 ☐ 벨 5차원 성경적 교육 세미나 참석자 ☐ 기타 참석자( )						

· 자기소개서(예를 들어 직업, 직분, 재능이나 연구 분야가 있으신 분들은 기록해 주세요)

벨 5차원 교육원에 입학하고자 소정의 서류를 갖추어 지원합니다

년   월   일

지원자 성명 :   (인)

성경적교육실천운동본부(BELL) 5차원 교육원장 귀하

· 수험번호란은 기재하지 마십시오. 자주 열어보는 이메일을 꼭 기재해 주십시오.
  자료는 벨 교육시에 소중한 자료로만 사용됩니다

벨 5차원 학습법

지은이 | 이홍남
펴낸이 | 정환정
펴낸날 | 2003년 6월 5일
2판 1쇄 | 2003년 11월 30일

펴낸곳 | 도서출판 시시울
등록 | 제 139호 (1998. 5. 16.)
주소 | 대전광역시 동구 삼성1동 272-9
은호빌딩 806호
평생전화 | 0502 - 784 - 7845
전송 | 0502 - 784 - 7844
홈페이지 | www.sisiwool.co.kr
전자우편 | sisiwool@korea.com

성경적 교육실천운동본부(벨)
대전광역시 서구 갈마동 1359
전화 | (042)526 - 7003
홈페이지 | www.bell.or.kr

저자와의 협의로 인지를 생략합니다
잘못된 책은 바꾸어 드립니다
ISBN 89 - 88550 - 23 - 4 03230
값 | 9,000원

총판 | 생명의말씀사